城市轨道交通操作岗位系列培训教材

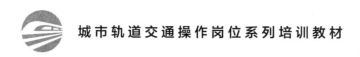

URBAN
RAIL TRANSIT

 Training Material for Metro Substation Operator

城市轨道交通变电检修工

主　编　刘宏泰
副主编　陈昌进　魏荣耀
主　审　刘思华

人民交通出版社股份有限公司
China Communications Press Co.,Ltd.

内容提要

本书为城市轨道交通操作岗位培训教材,全书分为基础知识篇和实务篇,共七章,介绍了城市轨道交通供电系统的主要组成,供电设备原理、操作维护及故障处理,实训平台等与城市轨道交通供电相关的内容。

本书在编写上力求通俗易懂,简洁明了,突出实际应用性。为了便于学习和理解,每章开头均附有岗位应知应会模块。

本书可作为城市轨道交通相关从业人员的培训教材,也可供全国职业院校城市轨道交通相关专业学生学习使用。

图书在版编目(CIP)数据

城市轨道交通变电检修工/刘宏泰主编. — 北京:
人民交通出版社股份有限公司,2017.8
城市轨道交通操作岗位系列培训教材
ISBN 978-7-114-13747-1

Ⅰ.①城… Ⅱ.①刘… Ⅲ.①城市铁路—轨道交通—变电所—检修 Ⅳ.①U239.5

中国版本图书馆 CIP 数据核字(2017)第 069023 号

城市轨道交通操作岗位系列培训教材
书　　名:城市轨道交通变电检修工
著　作　者:刘宏泰
责任编辑:吴燕伶
出版发行:人民交通出版社股份有限公司
地　　址:(100011)北京市朝阳区安定门外外馆斜街3号
网　　址:http://www.ccpress.com.cn
销售电话:(010) 59757973
总　经　销:人民交通出版社股份有限公司发行部
经　　销:各地新华书店
印　　刷:北京市密东印刷有限公司
开　　本:787×1092　1/16
印　　张:12
插　　页:6
字　　数:252 千
版　　次:2017年8月　第1版
印　　次:2021年1月　第2次印刷
书　　号:ISBN 978-7-114-13747-1
定　　价:34.00元

(有印刷、装订质量问题的图书由本公司负责调换)

PREFACE 序

著述成书有三境：一曰立言传世，使命使然；二曰命运多舛，才情使然；三曰追名逐利，私欲使然。予携众编写此系列丛书，一不求"立言"传不朽，二不恣意弄才情，三不沽名钓私誉。唯一所求，以利工作。

郑州发展轨道交通八年有余，开通运营两条线46.6公里，各系统、设施设备运行均优于国家标准，服务优质，社会口碑良好。有此成效，技术、设备等外部客观条件固然重要，但是最核心、最关键的仍是人这一生产要素。然而，从全国轨道交通发展形势来看，未来五年人才"瓶颈"日益凸显。目前，全国已有44个城市轨道交通建设规划获得批复，规划总里程7000多公里，这比先前50年的发展总和还多。"十三五"期间，城市轨道交通发展将处于飞跃发展时期，相关专业技术人才将面临"断崖"处境。社会人才储备、专业院校输出将无法满足几何级增长的轨道交通行业发展需求。

至2020年末，郑州市轨道交通要运营10条以上线路，总里程突破300公里，人才需求规模达16000人之多。环视国内其他城市同期建设力度，不出此左右。振奋之余更是紧迫，紧迫之中夹杂些许担心。思忖良久，唯立足自身，"引智"和"造才"双管齐下，方可破解人才困局，得轨道交通发展始终，以出行之便、生活之利飨商都社会各界，助力国家中心城市和国际商都建设。

郑州市轨道交通通过校园招聘和订单班组建，自我培养各类专业技术人员逾3000人。订单班组建五年来，以高职高专院校的理论教学为辅，以参与轨道交通设计、建设和各专业各系统设备生产供应单位的专家实践教学为主，通过不断创新、总结、归纳，逐渐形成了成熟的培养体系和教学内容，所培养学生大都已成为郑州市轨道交通运营一线骨干力量。公司以生产实践经验为依托，充分发挥有关合作院校的师资力量，同时在设备制造商、安装商和设施设备维修维保商的技术支持下，编写了本套城市轨道交通操作岗位系列培训教材，希望以此建立起一套符合郑州市轨道交通运营实际且符合轨道交通行业发展水平的教材体系，为河南乃至全国轨道交通人才培养略尽绵薄之力。

教材编写过程中,得到了西南交通大学、大连交通大学、石家庄铁道大学、上海城市轨道交通维护保障有限公司、郑州铁路职业技术学院以及人民交通出版社股份有限公司的大力支持,在此一并表示感谢。

以羽扣钟,既有总结之意,也有求证之心,还请业内人士不吝赐教。

是为序。

张 洲

2016 年 10 月 21 日

FOREWORD 前言

随着城市轨道交通事业的不断发展，各大城市的轨道交通建设均进入快速发展时期，城市轨道交通具有运能大、能耗低、污染少、速度快、安全、准点等优势，是城市公共交通的骨干。北京、天津、上海、广州、深圳、南京、沈阳、成都、杭州、西安、郑州等多个城市正在加紧进行城市轨道交通建设。

供电系统作为城市轨道交通的重要组成部分，大量采用先进技术与新型设备，正逐步实现监控自动化、远动化，运行管理智能化，性能检测及故障诊断现代化。城市轨道交通变电检修工是新兴的职业工种，主要负责城市轨道交通变电设备安装调试、运行维护、操作检修、故障处理及技术改造等工作。为满足我国各大城市轨道交通蓬勃发展对供电系统维护人才的需要，特组织编写本书。

本书是由工作在第一线的专业培训师及相关技术人员撰写。从变电检修的角度出发，对城市轨道交通供电系统及其设备、变配电检修、继电保护、设备维护及故障处理等进行了系统介绍。其既可供读者全面、系统地学习，又便于读者查阅与选学。

本书由刘宏泰担任主编，陈昌进、魏荣耀担任副主编，刘思华担任主审。其中"基础知识篇"由魏荣耀、冯永顺、包华、杨少星、王博文、张华编写，"实务篇"由赵大鹏、张家涛、王天赐、屈文涛、张筱筱、郝凯华编写。刘思华来自大连交通大学，其余人员来自郑州市轨道交通有限公司。

本书编写过程中，得到西南交通大学、大连交通大学、石家庄铁道大学、上海城市轨道交通维护保障有限公司、郑州铁路职业技术学院以及人民交通出版社股份有限公司的大力支持，在此表示诚挚的感谢！

由于编者水平有限，加之时间仓促，错漏之处在所难免，真诚欢迎读者批评指正。

编　者

2016 年 10 月

INTRODUCTION 学习指导

一、岗位职责

变电检修工是从事城市轨道交通变电设备安装调试、运行维护、操作检修、故障处理及技术改造等项目的工作人员。其岗位职责包括安全职责和工作职责。

（一）安全职责

（1）对相应的生产工作负直接责任，做好生产第一现场的安全把控工作。

（2）保证安全生产的各项规章制度贯彻执行。

（3）组织学习并落实公司的各项安全管理规定和安全操作规程。

（4）负责所辖范围内特种设备的安全管理工作，确保特种作业、特种设备操作人员持证上岗。

（5）参加公司组织的各项培训工作，努力提高业务技能水平，增强安全意识。

（6）定期开展自查工作，落实隐患整改，保证生产设备、安全装备、消防设施、救援器材和急救用具等处于完好状态，并能够正确使用。

（7）及时反映生产过程中存在的各类问题，及时找到解决途径，确保安全生产，保障人身、设备安全。

（8）负责变电专业系统设备的巡视、维修维护以及应急抢险工作。

（二）工作职责

（1）积极学习安全政策和规章制度，参加各项安全操作规程培训；协助班组做好安全检查和其他各项安全工作。

（2）对变电所的日常巡视、值班，做好数据及故障统计、汇总、上报等工作。

（3）按计划对设备进行日常维护、检修、保养工作，参与设备缺陷整改、整治。

（4）做好设备故障处理、配合设备抢修。

（5）积极参与班组建设，定期参加班组组织的各种会议。

（6）积极参与工班和科室开展的各种培训，不断提高个人业务水平和技术能力。

（7）积极完成上级领导交办的临时性工作任务，做好班组宣传工作，参与党、工、团组织的各项活动。

（8）科研技改：配合开展设备的科研技改、工程整改工作。

（9）新线建设：参与新线介入工作，及时提报工程问题，并配合上级管理部门督促承包商进行整改；参与新线供电设备的验收工作。

二、课程学习方法及重难点

在具有一定变电相关基础的条件下，首先要熟悉供电系统的组成，变电所各种设备及其作用；其次需要掌握变电所各种运行方式；最后能看懂基本的逻辑图和二次原理图等。这为后续介绍的设备维护和故障处理打下了一定的理论基础。

本书基础知识篇的学习难点是掌握设备的工作原理，保护类型和二次回路的读图方法；实务篇的难点是常见的故障处理和分析。学习完实务篇的内容后，再看基础知识篇的相关知识，就会对设备有更进一步的认识。这些内容要通过反复学习，并结合日常的工作经验，才能做到完全掌握。

三、岗位晋升路径

根据人员情况，定期对满足职级要求（工作年限、职称、学历、绩效考评）的人员，按照一定比例进行晋级。员工晋升通道划分如下：

（一）技术类职级序列

由低到高依次为：技术员、助理、工程师一、工程师二、工程师三、主管。

（二）操作类序列

由低到高依次为：初级工、中级工、高级工一、高级工二、技师一、技师二、高级技师。

CONTENTS 目录

第一篇 基础知识篇

第一章 轨道交通供电系统概述 ········· 2
- 第一节 供电系统简介 ········· 2
- 第二节 城市轨道交通供电系统主要技术标准 ········· 3
- 第三节 城市轨道交通供电系统功能及其实现 ········· 4
- 第四节 我国城市轨道交通供电技术的发展趋势 ········· 7
- 第五节 城市轨道交通供电系统的发展趋势 ········· 8

第二章 城市轨道交通供电系统设备 ········· 11
- 第一节 变电所典型主接线 ········· 11
- 第二节 110kV GIS ········· 15
- 第三节 油浸式主变压器 ········· 23
- 第四节 35kV GIS ········· 39
- 第五节 干式动力变压器 ········· 53
- 第六节 整流机组 ········· 57
- 第七节 直流1500V系统 ········· 65
- 第八节 交流400V系统 ········· 88
- 第九节 交直流屏系统 ········· 94
- 第十节 电力监控系统 ········· 101
- 第十一节 电缆结构参数及附件 ········· 107

第二篇 实务篇

第三章 供电设备维护 ········· 114
- 第一节 供电设备巡检流程及方法 ········· 114
- 第二节 110kV GIS维护 ········· 116
- 第三节 油浸式主变压器维护 ········· 118
- 第四节 35kV GIS维护 ········· 121

第五节	干式变压器维护	125
第六节	整流器维护	128
第七节	直流1500V系统维护	129
第八节	交流400V系统维护	134
第九节	交直流屏系统维护	135
第十节	电力监控系统维护	137

第四章 典型供电设备故障处理 138

第一节	35kV GIS常见故障及处理方法	138
第二节	整流机组常见故障及处理方法	139
第三节	直流1500V开关柜常见故障及处理方法	140
第四节	制动能耗装置常见故障及处理方法	140
第五节	400V低压开关柜常见故障及处理方法	141

第五章 供电通用维修工具及仪器仪表的使用 142

| 第一节 | 常用维修工具 | 142 |
| 第二节 | 常用仪器仪表 | 152 |

第六章 实验平台搭建 156

第一节	三相异步电机正反转回路	156
第二节	三相异步电机正反转回路故障查找	158
第三节	220V双回路供电电路（两路电源互为备用）	160
第四节	直流1500V电缆终端接头制作	162
第五节	电流继电器保护校验测试	163

第七章 供电设备典型故障 165

第一节	某站304A断路器过流保护跳闸故障	165
第二节	某站304A断路器零序保护跳闸故障	169
第三节	某站35kV馈线307A、直流1500V进线202断路器跳闸故障	173

附录 城市轨道交通变电检修工考核大纲 178

参考文献 179

第一篇 基础知识篇

第一章 轨道交通供电系统概述

岗位应知应会

1. 了解城市轨道交通供电系统的组成。
2. 熟悉城市轨道交通供电系统的技术要求。
3. 掌握城市轨道交通供电系统的主要功能及实现方法。
4. 了解城市轨道交通供电系统的发展方向。

重难点

重点：城市轨道交通供电系统的主要功能。
难点：城市轨道交通供电系统功能的实现方法。

第一节 供电系统简介

城市轨道交通供电系统是为城市轨道交通运营提供所需电能的系统，不仅为城市轨道交通电动列车提供牵引用电，并且还为城市轨道交通运营服务的其他设施，如照明、通风、空调、给排水、通信、信号、防灾报警、自动扶梯等，提供电能。在城市轨道交通运营中，供电一旦中断，不仅会造成城市轨道交通运输系统的瘫痪，还会导致财产损失，甚至危及乘客生命安全。因此，高度安全可靠而又经济合理的电力供给系统，是城市轨道交通正常运营的重要前提和保障。

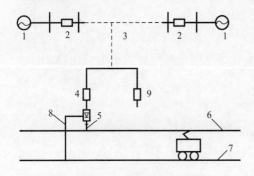

图 1-1 城市轨道交通电力牵引供电系统示意图
1- 电力源；2- 主变电所；3- 高压输电线；4- 牵引变电所；5- 馈电线；6- 接触网；7- 走行钢轨；8- 回流线；9- 降压变电所

城市轨道交通一般采用动车组牵引，动车组本身是无源动力装置。如果没有牵引供电系统，城市轨道交通将会因为没有动力支持而无法正常运行，就好像人体没有血液，人体所需能量的存储和运送将无法实现一样。所以说牵引供电系统是城市轨道交通系统中最重要的基础能源设施。城市轨道交通供电系统属于城市电网一级负荷，由两路独立的电源供电。当任何一路电源发生故障中断供电时，另一路应保证城市轨道交通一级重要负荷正常供电。

城市轨道交通电力牵引供电系统（图 1-1）

包括**电力源、主变电所、高压输电线、牵引变电所、馈电线、接触网、走行钢轨、回流线、降压变电所**等。为了实时掌握和处理供电系统的各种动态信息,确保供电系统的高效性及安全性,城市轨道交通供电系统同时还设有电力监控系统。

供电系统设备在供电系统中具有举足轻重的作用,它们有自己的生命周期:

第一阶段:设备招标设计阶段。编制用户需求书,进行招标,确定设备中标厂家,和厂家签订合同后,通过召开设计联络会,确定设备生产具体细节。

第二阶段:设备生产阶段。厂家按照合同要求生产,在出厂前进行出厂验收,对设备各项功能进行试验、测评,检查合格后,准予出厂。

第三阶段:设备安装施工阶段。施工单位进行设备的二次搬运、安装固定、母线安装、二次小线安装、试验调整、送电运行验收等结束后,方可交接。

第四阶段:设备运营维护阶段。通过采取计划修、故障修措施,保证设备正常运行。

第五阶段:设备技改报废阶段。通过对设备的技术改造,使设备更好地运行,延长其使用年限。当设备达到使用年限后,进行报废、更换。

第二节　城市轨道交通供电系统主要技术标准

根据《城市轨道交通直流牵引供电系统》(GB/T 10411—2005)、《电气装置安装工程接地装置施工及验收规范》(GB 50169—2016)、《35kV～110kV变电所设计规范》(GB 50059—2011)和《供配电系统设计规范》(GB 50052—2009)等规范文件,城市轨道交通供电技术要求如下:

(1)供电系统应满足经济、合理、安全、可靠、接线简单、运行方式灵活的要求。在正常、事故、灾害情况下,供电系统各级供电网络应具有可控制、检测、计量、调整的功能,安全联锁功能和故障保护功能。

(2)供电系统可采用集中供电方式,也可采用分散供电方式,一般采用集中供电方式。

(3)牵引供电系统和牵引网容量,按机车最高运行速度满足远期运营用电负荷确定。

(4)**全线的变电所房屋及设备布置基本统一**,维护和操作方便。**每条线路根据长短和车站个数设2～3座主变电所**,每座主变电所应由地区变电所提供专用线路供电,并保证供电可靠。

(5)**变电所、牵引变电所、降压变电所或牵引降压混合变电所都应有两路独立的电源供电。所有电源回路正常时满足一、二、三级负荷的用电要求。**

(6)全线设有一套电力监控系统,其对全线供电系统设备的运行进行集中监控和数据采集。电力监控系统应满足可靠性、可维护性和可扩展性的要求,并具有故障诊断、在线修改等功能。

(7)每个车站设有一套接地装置,全线满足综合接地系统要求。

第三节　城市轨道交通供电系统功能及其实现

供电系统的功能是向城市轨道交通各机电设备系统提供安全、可靠、优质的电力供应，满足各系统的用电要求。

一、接收并分配电能

城市轨道交通系统用电负荷为一级负荷。它由两路不同来源的电源供电，当任何一路电源发生故障时，另一路应能保证重要负荷的全部用电。根据实际情况不同，供电方式可分为集中供电方式、分散供电方式和混合供电方式。大多数城市轨道交通供电系统采用集中供电方式。

集中供电方式：指沿着城市轨道交通线路，根据用电容量和城市轨道交通线路的长短，建设城市轨道交通专用的主变电所。主变电所电压一般为进线电源交流 110kV，由发电厂或区域变电所对其供电，再由主变电所降压为城市轨道交通内部供电系统所需的电压等级——交流 35kV 或 33kV（本书所讲电压以 35kV 为例），再通过城市轨道交通供电系统网络将电能分配到每一个车站和车辆段内的牵引变电所和降压变电所。各主变电所具有两路独立的交流 110kV 电源。各牵引变电所和降压变电所由环网电缆供电，具有很高的可靠性。集中供电方式有利于城市轨道公司的运营和管理，广州、深圳、上海、香港和郑州的城轨交通均采用集中供电方式。

二、降压整流及输送直流电能

主变电所送来的中压（35kV）电能经过降压和整流后，变成牵引车辆所用的直流电能（直流 1500V）。牵引网将来自主变电所的直流 1500V 电压直接提供给城市轨道交通列车。牵引网系统由牵引变电所、馈电线、接触网、列车、走行钢轨及回流线组成，如图 1-2 所示。

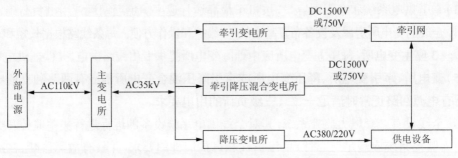

图 1-2　供电网络接线及电压变换

AC- 交流；DC- 直流

(1) 牵引变电所：供给城市轨道交通一定区域内牵引电能的变电所。
(2) 馈电线：从牵引变电所向接触网输送牵引电能的导线。
(3) 接触网：通过电力机车的受电弓向电力机车供给电能的导电网。
(4) 走行钢轨：列车行走时，利用走行钢轨作为牵引电流回流的电路。
(5) 回流线：用于供牵引电流返回牵引变电所的导线。

城市轨道交通牵引供电系统采用直流供电，这是因为城市轨道交通列车牵引功率并不是很大，其供电范围也不大，因此供电电压不需要太高；此外，直流制的电压损失小（相同电压等级下），无电抗压降。我国早期建成的北京市轨道交通供电电压采用直流750V，之后的上海、广州、南京、深圳和郑州轨道交通采用直流1500 V。

三、降压及动力配电

降压变电所将35kV交流电降压成380V/220V交流电，向车站和区间隧道的各种动力、照明设备供电，保证各种车站设备的正常运行。

(1) 功能：将交流220V/380V电压提供给全线的动力、照明用电负荷。
(2) 组成：由动力变压器、低压开关柜、各级配电箱和控制柜、供电电缆、电线、用电器组成。
(3) 分类：按用途和重要性不同，可分为一、二、三级负荷。

一级负荷：**一级负荷必须采用双电源、双回线路供电**；对于一级负荷中特别重要的负荷，除有双电源双回线路供电外，应增设应急电源，并严禁其他负荷接入。常见的一级负荷有：火灾自动报警系统设备、防排烟风机及各类防火排烟阀、防火（卷帘）门、消防疏散用自动扶梯、消防电梯等。

二级负荷：**二级负荷宜采用双电源、单回线路专线供电。**常见的二级负荷有：变电所检修电源、地上站厅站台等公共区照明。

三级负荷：三级负荷可采用单电源、单回线路供电。当系统中只有一个电源工作时可切除三级负荷。常见的三级负荷有：区间检修设备、附属房间电源插座、车站空调制冷及水系统设备、广告照明等。

当一台动力变压器退出运行时，自动切除三级负荷，由另一台动力变压器担负该供电区域的动力照明（一、二级负荷）。

四、对电力系统进行监控

电力监控（Supervisory Control and Data Acquisition，SCADA）系统，又称远动，贯穿于整个供电系统的监视控制部分。其由控制中心、通信通道和被控站系统组成，对全线变电所及沿线供电设备实行集中监视、控制和测量，是实现供电系统自动化调度的重要工具，具有

"遥控、遥信、遥测、遥调"的"四遥"功能。

五、对杂散电流进行防护

杂散电流的形成：直流牵引供电系统在理想的状况下，牵引电流由牵引变电所的正极出发，经由接触网、电动列车和回流轨（即走行轨）返回牵引变电所的负极。但钢轨与隧道（或道床）等结构钢之间的绝缘电阻不是无穷大，这样势必造成流经牵引轨的牵引电流不能全部经由钢轨流回牵引变电所的负极，有一部分的牵引电流会泄漏到隧道（或道床）等结构钢上，然后经过结构钢和大地流回牵引变电所的负极，这部分泄漏到隧道（或道床）等结构钢上的电流就是杂散电流，也称迷流。

杂散电流的防护：设置杂散电流检测、防护系统，减少直流牵引供电引起的杂散电流，防止其对外扩散，尽量避免杂散电流对钢轨、列车及其附近结构钢筋、金属管线的电化学腐蚀。

六、防雷与接地

对沿线容易受到过电压侵入而损坏，影响供电系统运行的电气设备，设置过电压保护装置（例如避雷器）。同时全线设置统一、高低压兼容、强弱电合一的接地系统。变电所接地网的接地电阻与土壤电阻率、接地网面积、接地体尺寸有关，为人身和设备安全提供防护。

七、典型供电系统的运行方式

变电所一次回路接线是指输电线路进入变电所之后，所有电力设备（变压器及进出线开关等）的相互连接方式。其接线方式有：线路变压器组接线、桥形接线、单母线接线、单母线分段接线、双母线接线、双母线分段接线、环网供电接线等。

线路变压器组接线是指线路和变压器直接相连，是一种最简单的接线方式，其特点是设备少、投资省、操作简便、宜于扩建，但灵活性和可靠性较低。

单母线分段接线是有两路以上进线、多路出线时，选用单母线分段接线，两路进线分别接到两段母线上，两段母线用母联开关连接起来，出线分别接到两段母线上。单母线分段接线运行方式比较多，一般为一路主供，一路备用（不合闸），母联合上，当主供断电时，备用合上，主供、备用与母联互锁。备用电源容量较小时，备用电源合上后，要断开一些出线。这是比较常用的一种运行方式。对于特别重要的负荷，两路进线均为主供，母联开关断开，当一路进线断电时，母联合上，来电后断开母联再合上进线开关。

以上两种接线方式是城市轨道交通变电所采用的典型接线方式：**主变电所110kV侧一般采用线路变压器组接线方式，35kV侧和400V侧一般采用单母线分段接线方式。**

运行方式和接线方式是密不可分的,下面先介绍一下典型的运行方式:

（1）主变电所两路 110kV 电源及 35kV（或 33kV）侧两段母线分列运行,变电所母联断路器分开。任一主变压器解列,合上母联断路器,由另外一路供全所负荷。

（2）各车站变电所内的 35kV（或 33kV）母联断路器打开,两段母线分列运行。任一线路解列,合上母联断路器,由另外一路供全所负荷。

（3）35kV 环网分段开关（连接两个主变电所）打开,两个主变电所独立供电。

（4）各车站变电所内的 400V 母联断路器打开,两段母线分列运行。任一台动力变压器解列,切断该站三级负荷,通过合上母联断路器,给本所一、二级负荷供电。

（5）直流牵引供电系统正常运行方式下,正线接触网通常由相邻牵引变电所双边供电,车辆段接触网为单边供电。正线任一牵引变电所退出,通常由正线相邻牵引变电所"大双边"供电。

（6）整流机组正常运行方式下两路同时运行,当一路因故障退出时,由另一路单独运行,正常负荷下可长期运行,超出负荷时可运行一定的时间。

八、变压器调压方式

变压器在正常运行时,由于负荷的变动或一次侧电源电压的变化,二次侧电压也是经常在变动的。电网各点的实际电压一般不能恰好与额定电压相等。实际电压与额定电压之差成为电压偏移。因此,对变压器进行调压（改变变压器的变比）,是变压器正常运行中一项必要的工作。为了改变变压器的变比,变压器必须有一侧绕组具有所需的几个分接抽头,以供改变该绕组运行的匝数,从而达到改变变压器变比的目的。

调压的方式分为有载调压和无载调压两种,相应的分接开关有无载分接开关和有载分接开关两种。有载调压是指在变压器不中断负载的情况下,通过改变变比来调整变压器的电压;无载调压是指在没有负载的情况下,通过手动切换分接开关来改变变压器绕组的匝数,由此调节变压器的电压。**一般情况下,不管是有载调压,还是无载调压,遵循的原则是"高往高调,低往低调"。**

第四节　我国城市轨道交通供电技术的发展趋势

随着城市轨道交通的全面建设,机车的受流方式越来越向架空接触网技术方向发展。而为了达到节能的目的,再生制动能量逐渐由消耗走向回收利用。

（1）对于直流 750V 的第三轨受流方式和直流 1500V 的架空接触网受流方式,两者均能满足城市轨道交通的功能要求,但在安全方面,架空接触网比第三轨更安全。

在综合经济效益方面，虽然架空接触网方式的工程投资比第三轨方式略高，但因直流1500V的车辆造价低、变电所数量较少，且能耗较低，架空接触网方式比第三轨的综合经济效益好。因此，未来城市轨道交通的供电方式会倾向于直流1500V架空接触网受流方式。

（2）根据《中国节能技术政策大纲》的要求，城市轨道交通需大力推广应用节能技术产品。能馈式牵引供电装置可以有效吸收利用城市轨道交通车辆的再生制动能量，降低城市轨道交通电能消耗，降低运营成本，达到减少能耗的目的。研究能馈式牵引供电装置是未来城市管理者在城市轨道交通领域践行节能要求所采取的重要技术措施之一。

根据能量处理方式的不同，将列车再生制动能量吸收装置分为三类，即能量消耗型、能量储存型、能量逆变型。

能量消耗型是指利用电阻吸收装置，将列车的再生制动能量消耗掉，从而抑制接触网网压的飙升。电阻吸收装置会造成能量的浪费，且电阻的发热量大，这对规划、景观、散热、防雨等方面的要求比较高。

能量储存型主要包括电能储能吸收装置和飞轮储能吸收装置，分别利用超级电容和高速旋转飞轮，将列车制动能量储存起来。但由于这两种装置的进口设备不成熟，技术有待完善和提高，国内企业暂无生产供货能力，在国内尚无成功的工程应用实例。

能量逆变型利用电力电子逆变器，将列车制动能量逆变为交流电能，并回馈到交流电网进行再利用。根据交流电网的电压等级，能量逆变型又分为中压逆变型（35kV/33kV或10kV）和低压逆变型（380V）。中压电网容量更大、更稳定，对于能量的流动和分配利用更有利。能馈式牵引供电装置就属于中压逆变型，其具有参与牵引供电、维持网压稳定及无功补偿的特点，且接口简单、工程实施容易，代表了未来发展趋势。

第五节　城市轨道交通供电系统的发展趋势

随着城市轨道交通的发展，供电系统的设备国产化和牵引变电所箱式化将成为我国城市轨道交通供电系统的发展趋势。

一、供电系统设备的国产化

城市轨道交通供电系统，是城市轨道交通机电设备中除车辆以外的最大辅助设备系统。供电系统设备国产化的实施，其意义不仅在于能有效降低供电设备自身投资，还有助于"确保全部轨道车辆和机电设备的平均国产化率不低于70%"总体目标的实现，进而加快城市轨道交通设备国产化进程，促进城市轨道交通行业健康发展。同时，供电系统设备国产化还具有促进我国民族工业发展的长远历史意义。

目前,国内各企业采用自主开发、联合研制、消化吸收引进技术、系统集成等多种方式,实现了供电系统部分设备的国产化。以下设备已经实现完全国产化:主变压器、牵引整流变压器、配电变压器、牵引整流器、110kV GIS(Gas Insulated Switchgear,气体全封闭组合电器开关柜)、35kV GIS、400V低压开关柜、变电所控制保护设备、变电所辅助电源装置、110kV 交联聚乙烯电力电缆、35kV 交联聚乙烯电力电缆、10kV 交联聚乙烯电力电缆、0.6kV/1kV 交联聚乙烯电力电缆、500V 控制电缆电线、接触轨系统、电力监控系统等。

1995年以来,先后有多家企业研制出干式牵引变压器样机。某些变压器厂先后研制开发出 20kV/0.592kV 单机组 12 脉波整流变压器、多规格 35kV/1.2kV 双机组等效 24 脉波整流变压器,且提供的 20kV/0.592kV 单机组 12 脉波整流变压器运行良好;2500kV·A 的 35kV/1.2kV 双机组等效 24 脉波整流变压器挂网运行考核良好。

直流断路器的国产化研制近几年也取得了较大进展,虽然不少企业做过许多有价值的开发、研制、试制工作,甚至推出了 1500V 直流开关柜,但至今未能实现全面国产化,主要原因如下:产品应用领域单一,前一阶段城市轨道交通还没有发展起来,市场需求量较小;产品开发、研制、试验费用较高;因城市轨道交通运营对安全可靠性要求较高,产品样机"挂网"运行考核的试验条件受一定限制;以往有关方面对城市轨道交通设备国产化的认识不足。

在国家相关政策的支持下,相信供电系统设备的全面国产化必将得到实现。

二、牵引变电所箱式化

牵引变电所可以设置在车站内(站内房间式),也可以设置在车站外线路附近。当其设置在车站外时,可以采用传统的建筑物形式(站外房间式),也可采用箱式。

箱式牵引变电所是工厂化、模块化、标准化的牵引变电所,其在车站附近的地面设置工厂预制的钢结构箱体,牵引变电设备在箱内布置。箱体由两层钢板内衬绝缘层构成,具有防雨、防雪、防渗漏、防腐蚀、防尘、防盐雾、防小动物窜入、防窃、抗冲击等性能,同时在箱体内设置远动、照明、空调、消防、所用电源、通信等设施和接口设备,这些功能与钢筋混凝土的房间式牵引变电所相当。

牵引变电所设备数量多、体积大、质量重,除设备本身占用较多的空间外,维护通道、操作通道、电缆通道和设备运输通道也需要占用较多面积,理想的面积约 130m^2。箱式牵引变电所内设备布置紧凑,占地面积小,当牵引变电所采用"箱式变电所"模式时,面积约 80m^2。

箱式牵引变电所可完全避免出现废弃面积,在实现变电所功能基础上最大限度地减小车站规模。车站规模的减小,可降低车站选址难度,节省土建投资,减小拆迁工作难度,降低拆迁费用、车站维护费用。

采用箱式牵引变电所后,各变电所除地理位置和电缆进出口位置不同外,其他特征完全相同。变电所在工厂进行设备试验、设备安装、电缆接引、系统调试等工作,使得工厂化成为可能,将来运至现场的是成品的牵引变电所。这些完全相同的多套牵引变电所在生产时,很容易分解成若干个标准功能模块,再通过固定的模块拼接,制造出模块化和标准化的"箱式牵引变电所"。

实现牵引变电所工厂化、模块化和标准化后,能够为工程带来很多好处,包括:

(1)保持设备本身的可靠性:设备在洁净的工厂环境开箱、安装、接线、试验,最大限度避免现场恶劣条件的影响。

(2)提高牵引变电所整体可靠性:将一些严格的技术工作,转化为根据一份生产图纸进行多套标准设备制造的工厂行为,用固定的工厂工艺替代现场的安装,减小错误的出现概率。同时,易于实现质量监督、检验和控制。

(3)运营维护简便:运营维护人员熟悉了一个变电所,则掌握了全部变电所。

箱式牵引变电所在国外已经有广泛的应用,如美国达拉斯地区轻轨系统、圣地亚哥轨道交通系统、洛杉矶捷运局红线一期、洛杉矶捷运局红线二期、宾夕法尼亚东南部捷运局等。此外,英国、法国的电气化铁路系统也有大量的箱式牵引变电所在运营中。

国内已经有大量国产箱式变电所用于城市居民区和矿山供电,一般在集装箱里安装的仅是配电变压器及一些配套开关等主要设备,箱体结构相对简单,功能相对单一。

中国香港东部铁路和西部铁路,大量使用了箱式牵引变电所。上海轨道交通莘闵线工程(5号线)和上海共和新路高架工程(1号线北延伸线)中的部分牵引变电所已经采用箱式牵引变电所。

目前,我国的生产制造水平完全具备国产化的要求,并且国内已经有工厂着手进行箱式变电所的技术引进工作,并加快进行国产化进程,相信在不久将来,城市轨道交通工程中将会大量采用国产的"箱式牵引变电所"。

但采用箱式变电所时需要特别注意以下问题:

(1)落实箱式变电所的运输,包括运输设备、路径、交通疏解等。

(2)落实变电所与线路间的电缆通道。

(3)牵引变电所内设备发热量较大,需要选择低损耗的设备,并且选择优质的空调设备。

(4)采取切实可行的安全接地措施。

第二章　城市轨道交通供电系统设备

岗位应知应会

1. 了解变电所典型主接线。
2. 熟悉城市轨道交通供电系统各电压等级设备。
3. 掌握城市轨道交通供电设备的结构、功能、保护类型。
4. 学习不同设备的读图方法。

重难点

重点：掌握城市轨道交通供电设备的保护类型和读图方法。
难点：不同设备的工作原理和二次读图方法。

在第一章中，我们已经提到城市轨道交通供电系统包括列车牵引用电和运营、服务设施用电，如照明、通风、空调、给排水、通信、信号、防灾报警、自动扶梯等，而城市轨道交通供电系统的核心是各电压等级的供电设备。为了深入了解这些设备、提高电力系统调度运行管理水平，供电设备必须有一套自己的编号规则，而每套编号原则不尽相同。下面就以典型站主接线图说明其中一种编号规则，继而详解供电系统设备。本书后续用到的开关编号均是以此编号原则为例展开的。另外，本章所涉及的保护类型和定值设置均是由设备的实际情况和相关的整定计算结果而设置的，所以会因线路和设备的差别不同而不同。

第一节　变电所典型主接线

一、主变电所主接线

以某主变电所为例，如图 2-1 所示。

（1）引入两路独立外部电源。

（2）交流 110kV 侧线路开关编号：以 I 段为例，以 1 开头，断路器编号一般为 3 位——101；隔离开关编号一般为 4 位——1011、1414、141PT，即断路器编号后加 1 或 4 或 PT；接

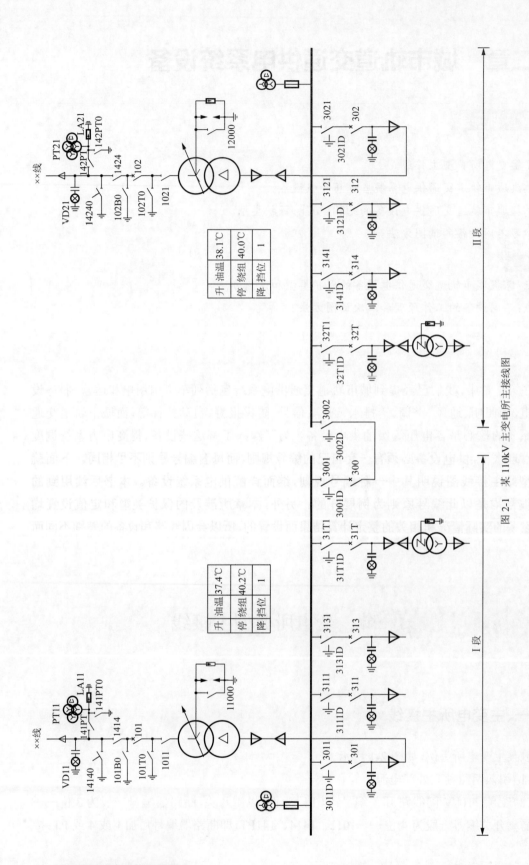

图 2-1 某 110kV 主变电所主接线图

地刀闸编号一般为5位——101T0、10140、141PT0,即隔离开关编号后加0(除101T0第四位也有变化,接地间隙并联刀闸有变化)。母线侧隔离开关、接地刀闸编号的第4位用英文字母首位大写表示,例如:靠近母线侧接地刀闸编号为101B0,靠近电压互感器侧接地刀闸编号为101PT0,靠近主变压器侧接地刀闸编号为101T0,Ⅱ段类似。

(3)交流35kV侧开关编号:以Ⅰ段为例,以3开头,断路器编号为3位——311;隔离开关编号为4位——3111,即断路器编号后加1;接地刀闸编号为5位——3111D,即隔离开关编号后加D,Ⅱ段类似。

(4)主变压器高压(110kV)侧中性点采用间隙接地方式,低压(35kV)侧中性点采用小电阻接地方式。

(5)主变电所35kV侧,两路进线301、302由两台主变压器低压侧分别引出一路电源提供,两段母线之间设置母联开关300(每台断路器设置有三工位隔离开关,分别有隔离、工作和接地的功能,以下类同)。

(6)主变电所35kV侧,出线311、312供电到相应供电分区,作为本分区首站两路进线301A、301B电源。出线313、314供电到相应另一供电分区,作为本分区首站两路进线301A、301B电源。

(7)主变电所35kV侧,馈线31T、32T作为本所用电,提供全所的动力照明负荷用电。

二、牵引降压混合变电所主接线

以典型牵引降压混合变电所为例,如图2-2所示。

(1)35kV进线侧,两路进线电源301A、301B由来自电源侧上一个所两路出线提供,两段母线之间设置母联开关303。

(2)35kV出线侧,其中两路出线电源302A、302B引出到下一个所,作为其35kV侧两路进线电源。

(3)35kV馈线侧,其中两路馈线304A、304B分别由两段母线引出至动力变压器,为本站的动力及照明负荷提供用电;另外两路馈线306B、307B由同一段母线引出至本站两台整流变压器,通过整流变压器的降压后再经整流器整流,为本段接触网分区提供上下行的列车牵引用电。

(4)直流1500V侧,直流母线正极由1号、2号整流机组降压整流后通过两路进线直流断路器201、202提供电源,直流母线负极通过负极刀闸2011、2021连通至整流器负极,直流馈线侧,编号分别为211、212、213、214、219,其中211、213通过上网隔离开关2111、2131为本区段接触网上行提供电源,212、214通过上网隔离开关2121、2141为本区段接触网下行提供电源,219作为制动能量吸收装置,将列车制动时反馈到接触网的电压进行消耗,防止接触网网压过高,影响列车和其他设备的正常运行。在钢轨与大地之间设置一套轨电位装置,防止钢轨电压过高影响人身和设备安全;在直流母线和大地之间设置一套排流

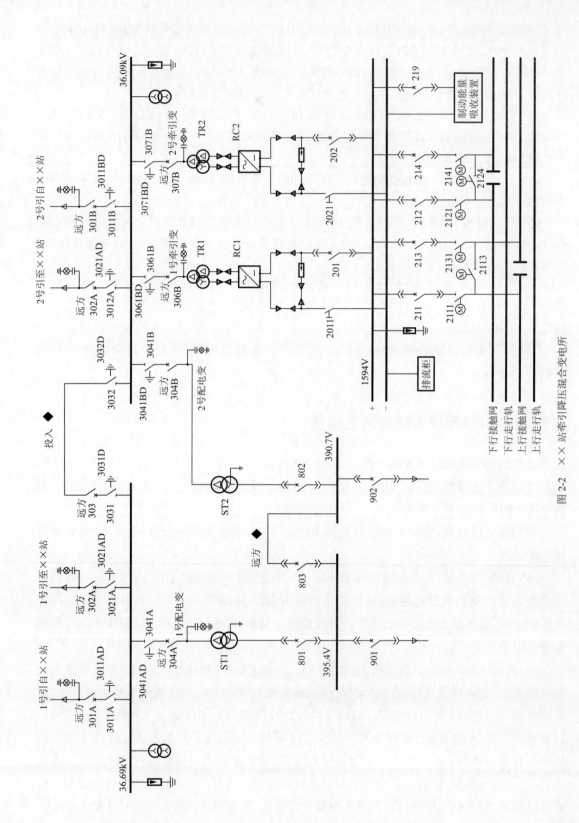

图 2-2 ××站牵引降压混合变电所

装置,将泄漏到大地的直流杂散电流进行排流,防止直流泄漏电流对地下金属管线和钢筋混凝土结构的腐蚀。

(5)交流400V侧,由两台动力变压器或跟随动力变压器经过降压后馈出两路电源至400V两段母线进线801、802,为本站的全部动力照明提供电源。400V两段母线之间设置母联断路器803。

降压变电所除没有设置整流机组和直流断路器外,其他与牵引降压混合变电所一致,此处不再赘述。

熟悉了设备的编号规则,下面我们详细介绍一下城市轨道交通供电系统的设备。

第二节　110kV GIS

城市轨道交通供电系统具有不同类型、不同电压等级的供电设备。主变电所把城市电网110kV电源引入的三相交流电降压配送给城市轨道交通沿线牵引变电所和降压变电所。它承担着轨道交通中所有负荷的供电,是供电源头。城市轨道交通供电系统如图2-3所示。所以,我们有必要先从110kV设备开始进行介绍。

交流110kV设备主要包括交流110kV GIS及主变压器。110kV GIS能最大限度地缩小整套配电装置的占地面积和空间体积,结构十分紧凑,这对人口高度集中的大都市和密集的负荷中心而言,显得尤为重要。本节主要介绍110kV GIS。

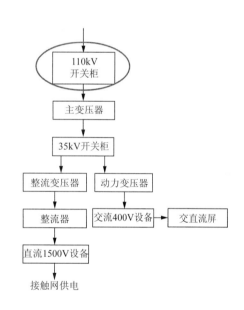

图2-3　城市轨道交通供电系统示意图

GIS就是把各种控制和保护电器(断路器、隔离开关、互感器、避雷器和连接母线)全部封装在接地的金属壳体内,壳内充以一定压力的六氟化硫(SF6)气体,作为相间和对地的绝缘的组合电器开关柜。GIS具有很大的优越性:首先,它大大缩小了整套配电装置的占地面积和空间体积。SF6气体具有很高的绝缘强度,这使得各元件之间的绝缘距离大为缩小,而设备的占地面积与绝缘距离的缩小倍数成平方比例缩减,空间体积则与其成立方比例缩减。电压等级越高,缩小的倍数越大。其次,GIS运行安全可靠,全部电器封装在接地外壳中,避免了各种恶劣自然环境条件的影响,减少了设备事故的可能性,而且对人身安全也大有好处。城市轨道交通110kV开关柜和35kV开关柜均采用GIS结构。

断路器按使用灭弧介质的不同,可分为油断路器(多油断路器和少油断路器)、压缩空气断路器、SF6 断路器、真空断路器等。110kV 设备多采用 SF6 断路器。SF6 断路器本身检修周期长,整个组合电器可以做到连续运行至少十几年不需要检修,大大减少了运行维护工作量。

SF6 气体无色、无味、无毒、不燃烧;在常温常压下,它的化学性能稳定;其绝缘性能和灭弧性能都要大大优于传统绝缘油,是目前最优良的绝缘和灭弧介质。

SF6 气体绝缘强度高,在相同的压力下,当处于均匀电场时,其绝缘强度是空气的 2.5～3 倍;但当电场不均匀时,其耐压强度将大大下降。SF6 气体有很好的灭弧能力,当电弧电流过零时,弧隙间耐压强度恢复很快,比空气要快 100 倍,所以采用 SF6 气体作为断路器的介质。

SF6 的分子体积大,电子在气体里容易碰撞,但因为自由行程短,电子不易聚集足够能量产生游离。其具有负电性,容易俘获电子形成负离子,使电子失去产生碰撞游离的能力,故绝缘强度高。在电流通过零前后,可使弧隙中带电粒子减少,导电率下降,在电弧电流过零时,弧隙间耐压强度恢复很快。因此,SF6 气体能耐受很高的恢复电压,电弧在电流过零后不易重燃,故灭弧性能好。

断路器在灭弧过程中,会有微量的 SF6 气体被分解,并会产生金属氟化物和低氟化物,此时,如果气体中含水分,就可能生成腐蚀性很大的氢氟酸,氢氟酸对绝缘材料、金属材料、电瓷、玻璃有很强的腐蚀性,对人体也有一定危害。在环境温度低时可能有凝结露水附着在零件和绝缘体表面,使设备绝缘强度降低,这可能导致沿面放电和击穿事故。所以,要严格控制 SF6 气体中的水分含量。

一、110kV GIS 简介

(一)110kV GIS 构成

110kV GIS 由断路器、隔离开关、快速或慢速接地开关、电流互感器、电压互感器、避雷器、母线及这些元件的封闭外壳、伸缩节和出线套管组成,内充一定的压力气体,作为 GIS 的绝缘和灭弧介质,如图 2-4 所示。

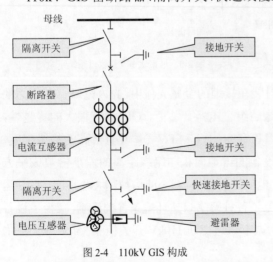

图 2-4　110kV GIS 构成

1. 电压互感器

电压互感器(图 2-5)是将高电压转换成低电压的设备,主要用于电力系统电压的计量、测量和电力系统的保护。

2. 电流互感器

电流互感器(图 2-6)是将大电流转换成小电流的设备,主要用于电力系统电流的计量、测量和电力系统的保护。

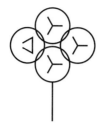

图 2-5 电压互感器

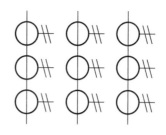

图 2-6 电流互感器

3. 断路器

断路器（图 2-7）**具有灭弧特性，**当系统正常运行时，它能切断和接通线路以及各种电力设备的空载和负载电流；当系统发生故障时，它和继电保护配合，能迅速切断故障电流，防止扩大事故范围。因此，高压断路器工作性能，直接影响电力系统的安全运行。

4. 隔离开关

隔离开关（图 2-8）**在电路中起隔离作用，提供电气隔离断口的机械开关装置。其特点是无灭弧能力，只能在没有负荷电流的情况下分、合电路。**隔离开关的主要作用：建立可靠的绝缘间隙，将需要检修的设备或线路与电源侧用一个明显断开点隔开，以保证检修人员和设备的安全。

5. 接地开关

接地开关（图 2-9）是用于电路接地部分的机械式开关。其主要作用：安全接地，保护人身安全。

6. 快速接地开关

快速接地开关（图 2-10）：用于电路接地部分的机械式快速动作开关，能够承载一定的短路电流。其主要作用：安全接地，保护人身安全；关合故障电流。

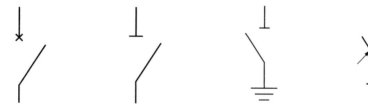

图 2-7 断路器　　图 2-8 隔离开关　　图 2-9 接地开关　　图 2-10 快速接地开关

需要指出的是：快速接地开关是具有一定关合短路电流能力的一种特殊用途的接地开关。普通的接地开关配置在断路器两侧隔离开关旁边，仅起到断路器检修时两侧接地的作用。

城市轨道交通主变电所的 GIS 结构如图 2-11 所示。该 GIS 除了配备主要元件之外，还配备有控制柜、SF6 气体监测系统等辅助设备。因此，它不仅可以实现电力线路的关合、开断、保护、测量及检修目的，其监测控制系统还可以直接反映各元件的工作状态，实现就地操作及远方电力调度操作，与主控室保护屏连接后还可实现自动跳闸和重新合闸。

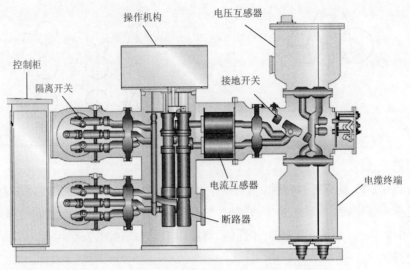

图 2-11 城市轨道交通主变电所 110kV GIS 结构图

(二)GIS 技术参数

110kV GIS 技术参数见表 2-1。

110kV GIS 技术参数　　　　表 2-1

序号	参数名称		单位	参数	
1	标称电压		kV	110	
2	额定电压		kV	126	
3	额定电流		A	2000	
4	额定频率		Hz	50	
5	额定短路时耐受电流(3s)		kA	40	
6	额定峰值耐受电流		kA	100	
7	额定绝缘水平	额定短路时工频耐受电压(1min,有效值)	kV	230	相对地,相间
				230+70	断口间(CB/DS)
		额定雷电冲击耐受电压(1.2μs/50μs[①],峰值)		550	相对地,相间
				550+100	断口间(CB/DS)
8	控制回路工频耐受电压(1min,有效值)		kV	2	
9	结构形式			三相共箱式	
10	局部放电	整个间隔	pC	≤10	
11		单个元件		≤3	
12	SF6 气体年漏气率	年漏气率	每年	≤0.3%	

注:①雷电过电压从发生到峰值的时间为 1.2μs;从发生到峰值再到 50% 峰值的时间为 50μs。

(三)GIS 间隔

(1)110kV GIS 的每一个间隔,用不通气的盆式绝缘子(气隔绝缘子)划分为若干个独立的 SF6 气室,即气隔单元。整个 GIS 的气隔单元设置 SF6 监控气体系统。

（2）为了对 GIS 进行 SF6 气体监控,将每一间隔分为若干个气隔单元(独立气室),每个气隔单元用不通气的盆式绝缘子隔离。这时,盆式绝缘子不但起着支持导体的作用,还起着隔离 SF6 气体的作用。各独立气室在电路上彼此相通,在气路中则互相隔离。

（3）每一个气隔单元都有一套元件,即:SF6 密度继电器(带 SF6 压力表及报警接点)、自封接头、SF6 配管等,它们直接安装在气隔单元的合适位置。例如,断路器气隔表计装在断路器本体上。每个气隔单元的抽真空、充放气、测水分等工作在各自气隔单元就地进行,而对 SF6 气体的报警、闭锁信号则在现场控制柜上发出。

（四）现场控制柜

现场控制柜(Local Control Panel,LCP)是对 GIS 进行现场监视与控制的集中控制屏,也是 GIS 间隔内、外各元件及 GIS 与主控室之间电气联络的中继枢纽,如图 2-12 所示。所以维护 LCP 的完好,对保证电站正常运行起着至关重要的作用。主变电所 110kV 电缆采用保护装置实现差动保护功能。

1. 主要功能

（1）**实现断路器(Circuit Breaker,CB)、隔离开关(Disconnecting Switch,DS)、快速接地开关(Fast Earthing Switch,FES)、接地开关(Earthing Switch,ES)的就地、远方选择操作,在控制柜上进行就地集中操作。**

（2）监视 CB、DS、FES、ES 的分闸、合闸位置状态。

（3）监视 GIS 各气室 SF6 系统密度及操动机构是否处于正常状态。

（4）实现 GIS 内 CB、DS、ES、FES 之间的电气联锁。

（5）显示一次主接线形式及运行状态。

（6）作为 GIS 各元件间及 GIS 与主控室之间的中继端子箱,接收或发送信号。

（7）监视控制回路电源是否正常,并通过电源开关、熔断器、保护开关,对 LCP 及 GIS 的二次控制、测量和保护元件起保护作用。

2. 结构特点

（1）结构紧凑、功能齐全、外形美观。

（2）门面上的操作开关与模拟元件位置指示器相对应。

（3）LCP 内、外各元件都有相应的铭牌表示。

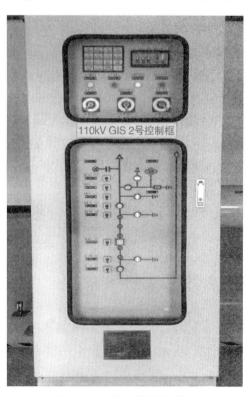

图 2-12　主变电所现场控制柜

(4)由于采用了自动开关,使用时不用常换熔断器。

(5)柜内装有照明灯,由限位开关控制,门开灯亮,门关灯熄,便于维护和管理。

(6)对 CB、DS、FES、ES 控制回路、位置指示回路等,分别设置了电源开关,以提高控制回路电源的可靠性。

(7)装有就地—远方操作选择开关,可以实现对 CB、DS、FES、ES 的就地—远方控制。

(8)就地—远方选择开关可以自带挂锁,防止发生误操作。

(9)装有 SF6 监控系统,可以实现对 GIS 各气室的监控。

(10)具有足够的备用端子,供用户使用。

(五)110kV 开关柜的主要操作

110kV 系统可通过控制中心遥控(中央级)、变电所电力监控计算机操控或线路测控柜控制(变电所级),以及现场控制柜控制(就地级)。正常运营期间,供电系统运行以控制中心远控为主。主变电所运行一般不采用就地控制,只有在检修或设备故障时,根据需要对设备进行就地电气控制。

(六)110kV GIS 日常巡检

1. 检查和维护的分类

检查和维护分为日常巡检、定期检查维护和特殊检查三种。

日常巡检主要是检查设备的外观状态、避雷器放电计数器的数字、各气隔的密度表的显示情况、现场控制柜的控制开关的位置等。

定期检查的项目有:SF6 的微水含量、密度继电器显示精度、控制柜的功能、二次接线的可靠性、电流互感器和电压互感器的精度等。

特殊检查:对于非动作元件,在出现特殊情况的时候要进行这项工作,例如,出现放电等。

2. 日常巡检要求

在证实 GIS 室的内部环境是通风的,且至少有 18% 的含氧量时才能进入。在出现特殊情况时,必须证实氧气和通风水平能克制引起窒息的 SF6 和浓烟的前提下,方可让人进入。

只有通过审核的操作人员,才能进行日常巡视工作。巡视人员在 GIS 室巡视时,应该严格执行工作规范。

3. 定期检查维护要求

为了避免不必要的伤害,应先确认相关的设备或检查的间隔已经退出运行。

如果要打开检查,先证实内部气压已完全被释放,再去拆除该单元上的有关零部件。为防止受到水分及其他源头的湿气对检修质量的影响,GIS 打开部位应及时保护、防潮。检修要接触主导电部分,确保接触部位的主导电回路可靠接地。

二、110kV GIS 读图方法

(一) 110kV 断路器分合闸回路

110kV 断路器分合闸原理如图 2-13 所示。

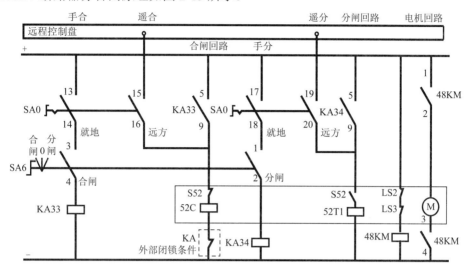

图 2-13 110kV 断路器分合闸原理图

图 2-13 中的符号与说明见表 2-2。

断路器图纸符号与说明　　　　　　表 2-2

符号	说　明	符号	说　明
SA0	就地、远方转换开关	KA33	断路器合闸用继电器
SA6	断路器分合闸转换开关	KA34	断路器分闸用继电器
KA	外部闭锁条件继电器辅助触点	48KM	断路器合闸弹簧储能接触器
S52	断路器联动的行程开关	LS2	行程开关
LS3	行程开关	52C	合闸线圈

以手动合闸为例:将转换开关 SA0 打到就地位,再通过操作断路器分合闸转换开关 SA6,进行手动合闸操作,此时 KA33 继电器得电,合闸回路上的 KA33(5-9)辅助触点常开变为常闭,此时合闸回路接通,合闸线圈得电,断路器合闸。图 2-13 中,S52 是反映断路器状态的行程开关,S52 在断路器分位时处于常闭状态。其中,合闸回路上的 KA 继电器辅助触点反映的是外部闭锁条件,如:110kV 快速接地开关或三工位隔离开关操作闭锁条件;防跳继电器闭锁条件;断路器气室压力过低闭锁条件;储能电机闭锁条件等。

若要进行遥控分闸操作,先将转换开关 SA0 打到远方位,由于断路器处于合位时,S52 常开触点闭合,当远程控制盘发出一个分闸信号,分闸回路接通,分闸线圈得电,断路器分闸。

当储能电机未储能时,LS2、LS3处于闭合位置,48KM继电器得电。在储能电机回路上,48KM继电器对应的辅助触点闭合,储能电机开始工作。当储能完毕后,LS2、LS3行程开关断开,48KM继电器失电,储能电机回路断开,停止储能。

(二)110kV三工位隔离开关分合闸原理

可手动、电动操作三工位隔离开关进行分合闸操作,当三工位隔离开关为电动操作时,可控制电动机的正、反运行。

三工位隔离开关分合闸原理如图2-14所示。

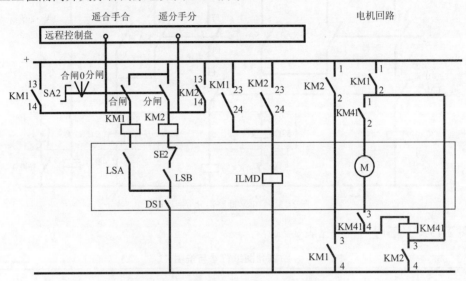

图2-14 110kV三工位隔离开关分合闸原理图

图2-14中的符号与说明见表2-3。

三工位隔离开关图纸符号与说明   表2-3

符号	说明	符号	说明
SA2	三工位隔离开关分合闸转换开关	SE2	三工位隔离开关联动辅助开关
KM1	三工位隔离开关合闸接触器	LSA	行程开关
KM2	三工位隔离开关分闸接触器	LSB	行程开关
ILMD	电气操作闭锁手动操作电磁铁	DS1	手动操作小门的行程开关
KM41	电机回路启动接触器		

图2-14中,需要指出:LSA在DS合闸位置时是断开的,其他情况下(中间位置或ES合闸位)LSA处于合位;LSB在中间位置时是断开的,其他情况下(DS合闸位或ES合闸位)LSB处于合位。DS1在手动操作小门关闭时是闭合的。

当执行隔离开关的遥控合闸时,远程控制盘给一个信号,LSA、LSB、DS1此时均处于合位,KM1得电,KM1的辅助触点中的常开接点(13-14)闭合,合闸回路接通。KM41接触器得电,KM41的辅助触点(1-2)、(3-4)闭合,电机开始运转(正转),合闸到位后电机停转。另外，ILMD 闭锁电磁铁得电,电气操作时将闭锁手动操作。

当执行手动分闸时,首先将 SA2 转换开关打到分闸位置,LSB、DS1 在正常情况下均处于合位,KM2 得电,KM2 的辅助触点中的常开接点（13-14）闭合,分闸回路接通 KM41 接触器得电,KM41 的辅助触点（1-2）、(3-4)闭合,电机开始运转（反转）,分闸到位后电机停转。另外,ILMD 闭锁电磁铁得电,此时闭锁手动操作。

第三节 油浸式主变压器

为使 110kV 外部电源降压成城市轨道交通供电所需的 35kV 电压等级,必须经过主变压器的降压,从而实现把某一等级的交流电压变换成另一等级的交流电压,以满足不同负荷的需要。本节重点介绍主变电所采用的油浸式主变压器,如图 2-15 所示。

一、变压器基本介绍

为了更好理解油浸式主变压器和干式变压器,此处先对变压器的基础知识进行简单介绍。

(一)变压器的工作原理

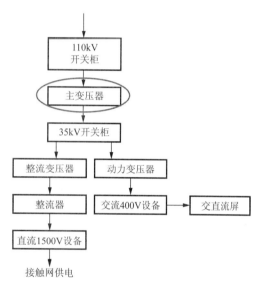

图 2-15 城市轨道交通供电系统示意图

变压器是基于电磁感应原理而工作的,变压器本体主要由绕组和铁芯组成。工作时,绕组是"电"的通路,而铁芯是"磁"的通路,且起绕组骨架的作用。一次侧输入电能后,因为是交流电,在铁芯内产生了交变的磁场;交变的磁场穿过二次绕组,二次绕组的磁力线不断地交替变化,感应出二次电动势;当外电路接通时,则产生了感应电流,向外输出电能。如图 2-16 所示。

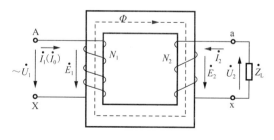

图 2-16 变压器工作原理图

这种"电—磁—电"的转换过程就是建立在电磁感应原理基础上实现的,这种能量转换过程也就是变压器的工作过程。变压器是能够输送电能、改变电压,但不改变频率的一种静止的电器。它通过线圈间的电磁感应,将一种电压等级的交流电能转换成同频率的另一种电压等级的交流电能。确切地说,它具有变压、变流、变换阻抗和隔离电路的功能。

(二)变压器的分类

根据变压器的用途和结构等特点,变压器可分如下几类。

(1)按用途分为:升压变压器(使电力从低压升为高压,然后经输电线路向远方输送)、降压变压器(使电力从高压降为低压,再由配电线路对近处或较近处负荷供电)。

(2)按相数分为:单相变压器、三相变压器。

(3)按绕组分为:单绕组变压器(为两级电压的自耦变压器)、双绕组变压器、三绕组变压器。

(4)按绕组材料分为:铜线变压器、铝线变压器。

(5)按调压方式分为:无载调压变压器、有载调压变压器。

(6)按冷却介质和冷却方式分为:

①油浸式变压器。冷却方式一般为自然冷却、风冷却(在散热器上安装风扇)、强迫风冷却(在前者基础上还装有潜油泵,以促进油循环)。此外,大型变压器还有采用强迫油循环风冷却、强迫油循环水冷却等。

②干式变压器。绕组置于气体中(空气或 SF6 气体),或是浇注环氧树脂绝缘。它们大多在部分配电网内用作配电变压器。目前已可制造到 35kV 级。

(三)变压器作用

(1)电能的经济传输:为了降低输电过程中的电能损耗,根据距离的远近采用高电压或超高电压输电。

(2)联络电网:为了提高电力系统的容量及供电的稳定性,通常电力系统中可能包含几个电力网络,而这几个电力网络可能电压不同,使用联络变压器联络电网。

(3)其他作用:如用于防止高压窜入低压设备的隔离变压器,用于为无中性点的电力系统提供接地中性点的接地变压器,与整流器配合实现交直流转换的整流变压器等。

(四)变压器基本参数

1. 额定容量(S_N)

额定容量是制造厂所规定的在额定工作状态(即在额定电压、额定频率、额定使用条件下的工作状态)下变压器输出的视在功率的保证值,以 S_N 表示。额定容量通常是指高压绕组的容量;当变压器容量因冷却方式而变更时,则额定容量是指它的最大容量。

2. 额定电压(U_N)

变压器的额定电压就是各绕组的额定电压,是指额定施加的或空载时产生的电压。一

次额定电压 是指接到变压器一次绕组端点的额定电压值；二次额定电压是指当一次绕组所接的电压为额定值、分接开关放在额定分触头位置上，变压器空载时二次绕组的电压，单位用伏(V)或千伏(kV)。三相变压器的额定电压指的均是线电压。

3. 额定电流(I_1、I_2)

变压器一次、二次额定电流是指在额定电压和额定环境温度下，使变压器各部分不超温的一次、二次绕组长期允许通过的线电流，单位用安培(A)表示。

(1) 单相变压器

一次侧额定电流：
$$I_{1N} = \frac{S_N}{U_{1N}} \tag{2-1}$$

二次侧额定电流：
$$I_{2N} = \frac{S_N}{U_{2N}} \tag{2-2}$$

(2) 三相变压器(铭牌上标注的是额定线电流)

初级侧额定线电流：
$$I_{1N} = \frac{S_N}{\sqrt{3}U_{1N}} \tag{2-3}$$

次级侧额定线电流：
$$I_{2N} = \frac{S_N}{\sqrt{3}U_{2N}} \tag{2-4}$$

4. 阻抗电压(短路阻抗)

阻抗电压也称短路电压（$U_z\%$），它表示变压器通过额定电流时在变压器自身阻抗上所产生的电压损耗(百分值)。

用试验求取的方法：将变压器二次侧短路，在一次侧逐渐施加电压，当二次绕阻通过额定电流时，一次绕阻施加的电压 U_z 与额定电压 U_n 之比的百分数，即 $U_z\% = (U_z/U_n) \times 100\%$

正常运行时，阻抗电压少一些较好，因为阻抗电压过大时，会产生过大的电压降，而在变压器发生短路时，阻抗电压大一些较好，可以限制短路电流，否则，变压器经受不住短路电流冲击。

5. 空载电流(I_0)

变压器一次侧施加(额定频率的)额定电压，二次侧断开运行时称为空载运行，这时一次绕组中通过的电流称空载电流。空载电流可看成励磁电流。其较小的有功分量 I_{0a} 用以补偿铁芯的损耗，其较大的无功量 I_{0r} 用于励磁以平衡铁芯的磁压降。

$I_0\%$ 通常用空载电流 I_0 与额定电流 I_N 的百分数表示，即 $I_0\% = (I_0/I_N) \times 100\% = 0.1\% \sim 3\%$ 变压器容量、磁路结构和硅钢片的质量，是决定空载电流的主要因素。

6. 空载损耗(P_0)

空载电流的有功分量 I_{0a} 为损耗电流，由电源所汲取的有功功率称为空载损耗 P_0，忽略空载运行状态下的绕组损耗时又称铁损。空载损耗主要由铁芯材质的单位损耗决定。

7. 短路损耗(P_K)

短路损耗是变压器二次侧短接、一次绕组通过额定电流时，变压器从电源所汲取的(亦即消耗的)功率，单位为瓦(W)或千瓦(kW)。

8. 连接组别

表示变压器各相绕组的连接方式和一次、二次线电压之间的相位关系。符号顺序由左至右各代表一次、二次绕组的连接方式,数字表示两个绕组的连接组号。一般的高压变压器基本都是 Yn、Y、d11 接线。在变压器的连接组别中,Yn 表示一次侧为星形带中性线的接线;Y 表示星形;n 表示带中性线;d 表示二次侧为三角形接线;11 表示变压器二次侧的线电压 U_{ab} 滞后一次侧线电压 U_{AB} 330°(或超前 30°)。

9. 温升

温升:介质对其周围介质的温度差(又称温差)。

油浸式变压器在运行的过程中,由于有铁耗与铜耗的存在,这些损耗都将转换成热能而向外发散,从而引起变压器不断发热和温度升高。温度上升,绕组绝缘电阻会降低。

10. 绝缘水平

变压器绕组的绝缘分主绝缘和纵绝缘两种。主绝缘是指绕组与铁芯、油箱等接地部分之间的绝缘,高、低绕组之间的绝缘以及各相绕组之间的绕组的绝缘。纵绝缘是指绕组匝间绝缘和层间绝缘。

11. 变压器试验

变压器试验分为出厂试验、例行试验、特殊试验三种。

12. 励磁涌流现象

当合上断路器给变压器充电时,有时可以看到变压器电流表的指针摆动很大,然后很快返回到正常的空载电流值,这一冲击电流通常被称为励磁涌流,其特点如下:

(1)励磁涌流含有数值很大的高次谐波分量(主要是二次和三次谐波),因此,励磁涌流的变化曲线为尖顶波。

(2)励磁涌流的衰减常数与铁芯的饱和程度有关,饱和越深,电抗越小,衰减越快。因此,在开始瞬间衰减很快,以后逐渐减慢,经 0.5~1s 后,其值不超过 $(0.25 \sim 0.5) I_N$。

(3)一般情况下,变压器容量越大,衰减的持续时间越长,但总的趋势是励磁涌流的衰减速度往往比短路电流衰减慢一些。

(4)励磁涌流的数值很大,最大可达额定电流的 8~10 倍。当整定一台断路器控制一台变压器时,其速断值可按变压器励磁电流来整定。

励磁涌流对变压器并无危险,因为这个冲击电流存在的时间很短。当然,对变压器多次连续合闸充电也是不好的,因为大电流的多次冲击,会引起绕组间的机械力作用,可能逐渐使其固定物松动。此外,励磁涌流有可能引起变压器对应开关柜的动作跳闸。

二、油浸式主变压器

(一)油浸式主变压器介绍

1. 型号

主变压器的型号为 SZ11-40000/110,三相有载调压,额定容量为 40MV·A,高压绕组额定电压等级为 110kV。

变压器型号表示方法及其含义如图 2-17 所示。

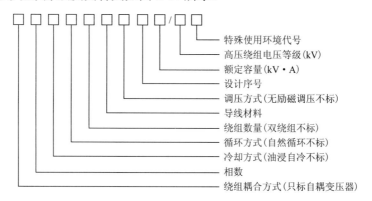

图 2-17 变压器型号表示方法及其含义

2. 技术参数

主变压器技术参数见表 2-4。

主变压器技术参数　　　表 2-4

序号	参数名称	单位	参数
1	主变型号	—	SZ11-40000/110
2	额定电压比	kV	110/35
3	额定容量	MV·A	40
4	额定频率	Hz	50
5	相数	—	三相双绕组铜芯线圈(带平衡绕组)
6	调压方式	—	中性点有载调压(调压范围 110±8×1.25%kV)
7	连接组标号	—	YNd11
8	冷却方式	—	油浸自冷
9	空载损耗	kW	19.58
10	空载电流	—	0.075%
11	负载损耗	kW	148.77
12	短路阻抗(20MV·A) 高压—低压	—	10.75%(1 分接) 10.24%(9 分接) 10.06%(17 分接)
13	连续负载下的温升限值 (环境温度 40℃)	K	51.1(顶层油升) 55.4(高压绕组平均温升) 55.7(低压绕组平均温升)

注：K 为温升单位，1K=Δ1℃。

3. 接地方式

主变压器高压侧中性点采用间隙接地；主变压器低压侧采用小电阻接地(通过接地变压器高压侧 Z 形接线中性点，经过小电阻接地)。

4. 运行方式

（1）正常运行：两台主变压器分列运行，负责各自供电分区的牵引和动力照明负荷，如图2-18所示。

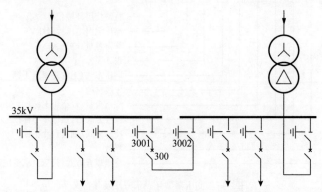

图2-18 主变压器正常情况运行示意图

（2）一台主变压器退出运行：合上该站交流35kV侧（变压器组接线）母联断路器，由另一台主变压器负责该站供电分区的所有牵引及动力照明一级、二级负荷，如图2-19所示。当一个主变电所解列，自动切除全线三级负荷，合上中压环网分段开关，由另一座主变电所担负全线牵引及动力照明一级、二级负荷。

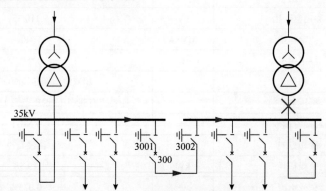

图2-19 主变压器非正常运行情况示意图

5. 油浸式主变压器结构

油浸式主变压器结构如图2-20所示。

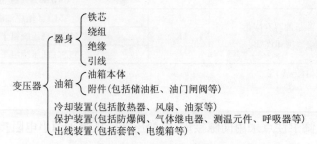

图2-20 油浸式主变压器结构图

油浸式主变压器结构示意如图 2-21 所示。

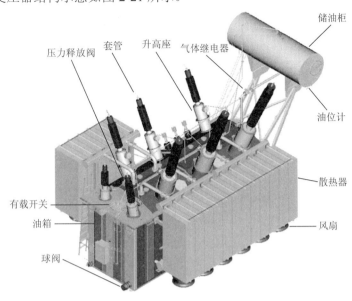

图 2-21　主变压器示意图

（1）铁芯

铁芯是变压器的磁路部分，如图 2-22 所示。它是用导磁性能很好的硅钢片叠放组成的闭合磁路，变压器的原、副线圈都绕在铁芯上。除了硅钢片外，现在还有采用非晶合金材料的变压器铁芯，它的损耗更低。铁芯有两个作用：一是，铁芯的磁导体构成了变压器的磁路，它把一次电路的电能转为磁能，又由自己的磁能转变为二次电路的电能，因此，它是能量转换的媒介。二是，铁芯的夹紧装置上面套有线圈，支持着引线，几乎安装了变压器内部的所有部件。

（2）绕组

绕组是变压器的电路部分，套装在器身上，如图 2-23 所示。变压器有原线圈和副线圈，它们是用铜线或铝线绕成。很多时候，它们也被称作高压线圈、低压线圈。通常是按原理或按规定的连接方法连接起来，线圈的主要作用是：一次线圈将系统的电能引进变压器中，二次线圈将电能传输出去。因此，线圈是传输和转换电能的主要部件。

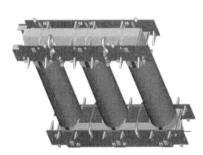

图 2-22　三相三柱式叠铁芯

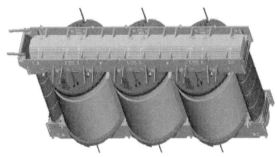

图 2-23　绕组

（3）引线

引线是将外部的电能输入变压器，又将传输的电能输出变压器。引线主要作用是在线圈与套管、开关之间建立电的联系，如图2-24所示。

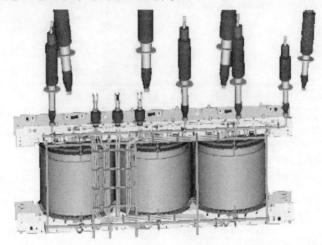

图2-24　引线

（4）油箱

油箱是变压器器身的外壳，具有容纳器身、充注变压器油及散热冷却的作用，如图2-25所示。

（5）储油柜（油枕）

变压器油箱内部，变压器油随着温度变化，其体积发生变化。储油柜（图2-26）是调节变压器油箱内部油量的一个储油的罐体。它一方面起到连通器的作用，保证变压器中处处有变压器油；另一方面，在胶囊或膨胀节的作用下，保证变压器油不与空气的接触，减缓变压器老化。

图2-25　油箱

图2-26　储油柜

（6）冷却装置

冷却装置是将变压器运行中由损耗产生的热量散发出去，以保证变压器安全运行。冷却器（图2-27 b）将散热管和冷却风扇结合在一起。主变压器采用的冷却装置为片式散热器（图2-27 a），其使用条件为：环境温度 −50~45℃，变压器油温 120℃。

主变电所采用的自冷散热端子箱,适用于大型变压器吹风自冷系统,与片式散热器配合使用。端子箱具有良好的接地系统,主接地点焊接在柜体下方,与箱门、安装板用搪锡铜排编织带软连接,这样就构成了一个完整的接地保护电路,大大加强了其防触电能力。

a)片式散热器　　b)冷却器

图 2-27　片式散热器和冷却器

（7）分接开关

为了稳定负荷中心电压,需对变压器进行电压调整。调压方式有无励磁调压和有载调压两种。无励磁调压时,变压器高、低压侧都要与电网断开,在变压器无励磁情况下变换绕组的分接头;有载调压时,变压器是在不中断负载的情况下,变换绕组的分接头。

有载分接开关(图 2-28)的工作原理,是在变压器绕组中引出若干分接头后,通过它在不中断负载电流的情况下,由一分接头切换到另一分接头,以改变有效匝数,即改变其电压比,从而实现调压的目的。运行中的变压器,其分接开关的导电部分应接触良好,否则,会出现过热现象,甚至烧毁整个变压器。

（8）气体继电器(也称瓦斯继电器)

气体继电器（图 2-29）安装在变压器箱盖与储油柜的连管上,作为变压器内部故障的主要安全保护装置。当变压器内部发生故障产生气体或油流时,接通信号或跳闸回路,使有关装置发出信号或使变压器从电网中切除。另外,当油箱漏油且油面降低到气体继电器处时,气体继电器也会接通信号回路,发出信号。

当如下情况发生时,气体继电器中开关系统开始启动:

①由于弱能的分量放电、渗漏故障、局部过热或空气等原因,造成通向监控保护设备逐渐形成无法分解的气体时。

②在系统中有泄漏情况,造成绝缘液体流失时。

③由于强能的弧光放电瞬间生成大量分解气体,造成一个压力冲击时。

图 2-28　有载分接开关

（9）油温度计

按测量温度的部位不同，油温度计（图2-30）分为测量上层油温的油面温度计和测量绕组温度的绕组温度计。油面温度计直接测量变压器上层油温。绕组温度计，可以通过电流互感器，间接测量变压器绕组温度。主变电所常采用AKM34系列油温度指示控制器，其是专为油浸式变压器而设计的，用于测量变压器油面温度的一种专用仪表。它由弹性波纹管、毛细管和温包组成的一个全密封系统。利用这密闭系统内部所充的感温介质受温度变化而产生的压力变化，使弹性波纹管端部产生角位移来带动指针，指示被测温度值。

图2-29　气体继电器

图2-30　油温度计

（10）油位计

油位计（图2-31）通常应用于变压器的储油柜上，此磁耦合式油位计壳体为强水密性的铝合金材质，表面喷涂耐腐蚀性涂层，它能够对储油柜内油位的变化提供可视的报警信号。内部浮球连杆通过油位计磁耦合方式与外表盘同步在120°角度内联动，按此联动方式，液位的任何变化将通过磁体的耦合转动引起油位计表盘的同步指示。油位计外表盘采用红白两色进行标识。

（11）吸湿器（也称呼吸器）

吸湿器（图2-32）是一种内部灌装颜色可变化显示的氧化硅（俗称硅胶）所组装而成的透明设备。变压器内部大量油的热收缩导致其从外界吸入空气，空气将从所配置的吸湿器装置吸入。吸湿器内的硅胶可以吸收进入变压器内空气中的水分，以防止变压器油受潮。吸湿器内的硅胶变色过程：橙色→粉红色→绿色（当颜色变化≥2/3时，需更换或干燥）。

图2-31　油位计

图2-32　吸湿器

(12) 压力释放阀(防爆阀)

在变压器发生故障时,箱内的压力超过压力释放阀(图 2-33)弹簧的压力时,变压器油可在阀内喷出,从而起到释放油箱内超常压力,保护油箱的作用。当油箱内的压力迅速释放后,内部压力降低,金属膜盘在弹簧作用下复位,并重新密封油箱。压力释放阀在动作时,可发出动作信号。

某主变压器采用的是 T 形压力释放阀。T 形系列压力释放阀主要适用于油箱内的压力控制,应用于意外事故下瞬时不可控制的压力增量。

(13) 变压器油

变压器油(图 2-34)是石油的一种分馏产物,它的主要成分是烷烃、环烷族饱和烃、芳香族不饱和烃等化合物。

图 2-33　压力释放阀

图 2-34　变压器油样品

变压器油的主要作用:
①变压器油在变压器运行时起散热冷却作用。
②变压器油起绝缘作用。
③变压器油在有载开关内部,还能起消弧作用。
对变压器油的取样分析,有助于判断变压器的健康状况。

(14) 绕组温度指示控制器

主变压器常采用 AKM 35 系列绕组温度指示控制器。它用热模拟的方法来间接测量变压器绕组热点温度,即绕组温度 T_1 为变压器顶层油温 T_2 与变压器油温差 ΔT 之和,$T_1=T_2+\Delta T$。

AKM35 系列绕组温度指示控制器可满足指示变压器绕组温度,提供输出接点,分别用于投切变压器冷却系统和超温报警。

(15) 套管

套管(图 2-35)将变压器内部的高、低压引线引到油箱的外部,它不仅作为引线对地的绝缘,而且担负着固定引线的作用。主变压器采用充油法兰式低局放变压器套管,作为变压器低压侧引导高压电线,穿过变压器箱壳及对壳体和地绝缘之用。

图 2-35 套管

(二)主变压器保护配置

城市轨道交通主变压器保护柜一般采用计算机变压器保护装置、计算机变压器非电量保护装置和计算机变压器后备保护装置。下面各以其中某种型号的保护装置说明其原理。

1. WBH-812A 计算机变压器保护装置

(1)应用范围

WBH-812 计算机变压器保护装置适用于 110kV 电压等级各种接线方式的变压器。WBH-812 装置实现变压器的差动保护,差动保护采用二次电流自动调整相位的方法,并提供了可靠的励磁涌流判据,可以实现四侧差动。

(2)差动保护原理简介

变压器的主保护必须满足电力系统对继电保护的四个基本要求,即可靠性、速动性、选择性、灵敏性。单独靠一种动作特性或一个动作方程是不可能满足上述要求的。为了满足电力系统对继电保护的上述要求,装置中主保护由比率差动、差流速断、差流越限告警、TA 断线告警组成,以提供完备的主保护解决方案。

差动保护为变压器的主保护之一,用来反映变压器绕组的相间短路故障、绕组的匝间短路故障、中性点接地侧绕组的接地故障以及引出线的接地故障。差动保护的保护区包括构成差动保护的各侧电流互感器之间所包围的部分,包括变压器本身、电流互感器与变压器之间的引出线。

差动保护是按比较各侧电流大小和相位而构成的一种保护。虽然变压器各侧电流不等,且各侧之间在电路上互不相通,但可以根据主变压器正常工作及发生主变压器外部短路时,流入和流出变压器的功率相等,或者各侧电流产生的安匝(安匝为绕组匝数与匝内流过电流之积)之和近似为零的条件,建立差动保护平衡方程。在变压器发生内部故障时,应有差动电流流过差动回路,差动继电器动作。

(3)比率差动保护

比率差动保护是差动保护的一种,其特点是差动电流定值随制动电流值的增大而成某一比例的提高。考虑到主变压器区外故障时,短路电流的增大可能导致电流互感器磁饱和,此时的电流互感器已不能正确反映故障侧电流,差动电流已无法正确平衡,极有可能造成差动保护误动作。因而计算机保护往往采用比率差动保护。比率差动的动作特性如图 2-36 所示。

当任一相差动电流大于差动速断整定值时,差动速断保护瞬时动作,跳开各侧断路器,其动作判据为:

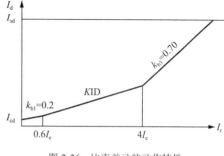

图 2-36 比率差动的动作特性

$$I_d > I_{sd}$$

式中:I_d——变压器差动电流;

I_{sd}——差动电流速断保护定值。

为了提高内部故障时的动作灵敏度及可靠躲过外部故障的不平衡电流,变压器差动保护装置中,均采用具有比率制动特性曲线的差动元件。由于变压器各侧 TA 性能、变比有差异,且各侧绕组连接组别不同,差动回路存在不平衡电流,因此采用常规三段式折线特性,如图 2-36 所示。动作方程如下。

$$I_d > 0.2I_r + I_{cd} \ (当\ I_r \leqslant 0.6I_e\ 时)$$
$$I_d > k(I_r - 0.6I_e) + 0.12I_e + I_{cd} \ (当\ 0.6I_e \leqslant I_r \leqslant 4I_e\ 时)$$
$$I_d > 0.7(I_r - 4I_e) + k \times 3.4I_e + I_{cd} + 0.12I_e \ (当\ I_r > 4I_e\ 时)$$

$$I_r = \frac{1}{2} \sum_{i=1}^{m} |I_i|$$

$$I_d = \left| \sum_{i=1}^{m} I_i \right|$$

式中:I_e——变压器额定电流,各侧幅值调整后的电流由各侧实际的二次电流有名值除以变压器该侧二次电流额定值,为标幺值,用 I_e 表示;

I_i——变压器某侧电流,$1 \leqslant i \leqslant m$;

I_{cd}——稳态比率差动启动定值;

I_d——差动电流;

I_r——制动电流;

k——比率制动系数整定值($0.2 \leqslant k \leqslant 0.7$),推荐整定值 $k=0.5$。

程序中按相别判别,任一相满足以上条件时,比率差动保护动作。比率差动保护经过励磁涌流判别(二次谐波闭锁原理)、TA 断线判别(可选侧)后出口。

2. WBH-819A 计算机变压器非电量保护装置

WBH-819A 计算机变压器保护装置适用于 110kV 电压等级的变压器。WBH-819A 计算机变压器保护装置完成变压器非电量保护,需要延时的非电量不需要外加延时继电器,由 CPU 延时。

非电量保护配置见表2-5。

非电量保护配置 表2-5

序号	保护名称	时限	备注
1	本体重瓦斯	1	直接跳闸
2	调压重瓦斯	1	直接跳闸
3	压力释放	1	直接跳闸或仅信号
4	温度过高	1	直接跳闸或仅信号
5	本体轻瓦斯	1	仅信号
6	冷却器全停	2	直跳或延时跳闸或仅发信,瞬时或延时动作可选,可带两段延时
7	油位异常	1	直跳或延时跳闸或仅发信,可选用延时出口
8	油温异常	1	直跳或延时跳闸或仅发信,可选用延时出口
9	绕组温度异常	1	直跳或延时跳闸或仅发信,可选用延时出口
10	调压轻瓦斯	1	仅信号

注:备注中标明为"信号"的保护动作后只能报告警信号。

3. WBH-818A 计算机变压器后备保护装置

（1）应用范围

WBH-818A 计算机型变压器保护装置实现变压器的一侧后备保护功能,适用于110kV及其以下电压等级各种接线方式的变压器。主变压器包含高后备保护和低后备保护。

（2）保护配置

高压侧保护配置见表2-6,各整定值可根据情况进行调整。

高压侧保护配置 表2-6

序号	保护名称	整定值	备注
1	复压闭锁负序相电压	4.0V	
2	复压闭锁相间低电压	70V	
3	过流三段动作电流	2A	
4	过流三段延时 t_1	1.8s	跳母联
5	过流三段延时 t_2	2.4s	跳各侧
6	间隙零序动作电流	5.0A	
7	间隙零序延时 t_1	0.5s	跳各侧
8	零序动作电压	180V	
9	零序过压延时 t_1	0.5s	跳各侧
10	调压闭锁动作电流	1.6A	
11	调压闭锁延时时间	6s	
12	过负荷动作电流	1.6A	
13	过负荷延时时间	6s	报信号

低压侧保护配置见表 2-7。

低压侧保护配置　　　　　　表 2-7

序号	保护名称	整定值	备注
1	复压闭锁负序相电压	4.0V	
2	复压闭锁相间低电压	70V	
3	过流一段动作电流	2.8A	
4	过流一段延时 t_1	1.8s	跳母联
5	过流一段延时 t_2	2.1s	跳各侧
6	零压告警动作电压	40V	
7	零压告警零延时时间	6s	
8	过负荷动作电流	2.3A	
9	过负荷延时时间	6s	报信号

（三）主变压器的运行与故障类型

1. 运行中检查

（1）检查变压器上层油温是否超过允许范围。如油温突然增高,则应检查冷却装置是否正常,油循环是否破坏等,以判断变压器内部是否有故障。

（2）检查油质。正常时应为透明,微带黄色。

（3）变压器声音是否正常。正常运行时有均匀的"嗡嗡"电磁声;如声音有所改变,应细心检查。

（4）检查套管是否清洁,有无裂纹和放电痕迹,冷却装置应正常,工作、备用电源及油泵应符合运行要求。

2. 变压器运行中出现的不正常现象

变压器运行中,如出现漏油,油位过高或过低,温度异常,音响不正常及冷却系统不正常等现象时,应设法尽快解决。

（1）当变压器的负荷超过允许的正常过负荷值时,应按规定降低变压器的负荷。

（2）当变压器内部音响很大,很不正常,有爆裂声;温度不正常并不断上升;储油柜或安全气道喷油;严重漏油使油面下降,低于油位计的指示限度;油色变化过快,油内出现炭质;套管有严重的破损和放电现象等,应立即停电修理。

（3）当发现变压器的油温较高时,而其油温所应有的油位显著降低时,应立即加油,加油时应遵守规定。如因大量漏油而使油位迅速下降时,应将气体保护装置改为只动作于信号,而且必须迅速采取堵塞漏油的措施,并立即加油。

（4）变压器油位因温度上升而逐渐升高时,若最高温度时的油位可能高出油位指示计,则应放油,使油位降至适当的高度,以免溢油。

3. 主变压器故障

（1）绕组故障

绕组故障主要有匝间短路、绕组接地、相间短路、断线及接头开焊等。产生这些故障的原因有以下几点：

①在制造或检修时，局部绝缘受到损害，遗留下缺陷。

②在运行中，因散热不良或长期过载，绕组内有杂物落入，使温度过高，绝缘老化。

③制造工艺不良，压制不紧，机械强度不能经受机械冲击，使绕组变形绝缘损坏。

④绕组受潮，绝缘膨胀堵塞油道，引起局部过热。

⑤绝缘油内混入水分而裂化，或与空气接触面积过大使油的酸价过高，绝缘水平下降；或油面太低使部分绕组露在空气中，未能及时处理。

匝间短路时的故障现象是变压器过热、油温增高，电源侧电流略有增大，各相直流电阻不平衡，有时油中有吱吱声和冒泡声。轻微的匝间短路可以引起瓦斯保护动作；严重时，引起差动保护或电源侧过流保护动作。发现匝间短路应及时处理，因为绕组匝间短路常常会引起更为严重的单相接地或相间短路等故障。

（2）套管故障

套管常见故障有接线掌发热、炸毁、闪络和漏油。其原因有：接线掌螺纹接触不良，导致接触电阻过大而发热；密封不良，绝缘受潮；呼吸器配置不当或吸入水分未及时处理。

（3）分接开关故障

分接开关常见故障有表面融化或灼伤、相间触头放电或各接头放电。

（4）铁芯故障

引起铁芯故障大部分原因是铁芯柱的穿芯螺杆或铁轮的夹紧螺杆的绝缘损坏。其后果可能造成穿心螺杆与铁芯碟片两点连接，出现环流，引起局部发热，甚至引起铁芯的局部熔毁；也可能造成铁芯碟片局部短路，产生涡流过热，引起碟片间绝缘层损坏，使变压器空载损失增大，绝缘油劣化。

运行中变压器发生故障后，如判明是绕组或铁芯故障，应吊芯检查。应测量各项绕组的直流电阻，并进行比较，如差别较大，则为绕组故障；进行铁芯外观检查，再用直流电压、电流表测量片间绝缘电阻。如损坏不大，在损坏处涂漆即可。

（5）瓦斯保护故障

瓦斯保护是变压器的主保护，轻瓦斯作用于信号，重瓦斯作用于跳闸。瓦斯保护的动作原因及处理方法如下：

①轻瓦斯保护动作后发出信号。其原因是变压器内部有轻微故障、变压器内部存在空气、二次回路故障等。运行人员应立即检查，如未发生异常现象，应进行气体取样分析。

②瓦斯保护动作跳闸时，可能是二次回路故障，也可能是变压器内部发生严重故障，引起油分解出大量气体。出现瓦斯保护动作跳闸，应先投入备用变压器，然后进行外部检查，检查各焊缝是否裂开，变压器外壳是否变形，最后进行油色谱分析。

③变压器自动跳闸时,应查明保护动作情况,进行外部检查。经检查不是内部故障,而是由于外部故障(穿越性故障)或人员误操作引起的,则可不经内部检查,直接投入送电。

第四节 35kV GIS

城市轨道交通的中压环网将主变电所降压后,35kV 电压分配给沿线变电所。在中压环网电压等级的选取上,国内一般有 35kV/33kV 和 10kV 两种等级,环网电压高,则可以相应减少主变电所的个数以及降低线路损耗。目前,国内已经开通和即将开通的城市轨道交通线路多采用集中供电方式,中压环网电压多采用 35kV/33kV 等级。本节重点介绍 35kV GIS,如图 2-37 所示。

目前,城市轨道交通供电变电所内广泛采用的是 35kV 真空断路器,这是由于断路器触头在真空中不易氧化,具有寿命长、行程短、体积小等优点。利用真空作为触头间的绝缘与灭弧介质的断路器称为真空断路器。真空一般指的是气体稀薄的空间。凡是绝对压力低于正常大气压力的状态都可称为真空状态。绝对压力等于零的空间称为绝对真空,这才是真正的真空或理想的真空。

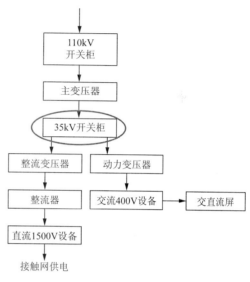

图 2-37 城市轨道交通供电系统示意图

一、35kV GIS 介绍

图 2-38 35kV GIS 整体图

城市轨道交通 35kV GIS 采用较多的是 KFM(ZX2)-40.5 和 8DA10 全封闭式 SF6 开关柜,系统标称电压为 35kV,系统最高电压为 40.5kV,额定频率为 50Hz。KFM(ZX2)-40.5 开关柜如图 2-38 所示。

35kV GIS 按电气功能,可分为进线柜、出线柜、母联柜、馈线柜。

变电所典型交流 35kV GIS 设备基本布局为:2 台进线开关柜,用 301A、301B 表示;2 台出线开关柜,用

302A、302B 表示;1 台母联开关柜,用 303 表示;2 台动力变开关柜,分别用 304A、304B(降压所动力变)表示;2 台整流变开关柜,分别用 306A(B)、307A(B)表示。各开关柜均使用三工位隔离开关,三个位置分别为隔离、工作、接地位。

(一)各开关柜用途

(1)进线开关柜 301A、301B,为两段 35kV 母线提供两路电源。

(2)出线开关柜 302A、302B,馈出到相邻变电所,作为相邻变电所的两段母线进线电源。

(3)母联开关柜 303,当一路进线故障时,合上母联开关,由另一路担负本所全部负荷用电。

(4)动力变开关柜 304A、304B,馈出到动力变压器的高压侧,经过动力变降压为交流 400V,为全站包括区间提供动力照明电源。

(5)整流变开关柜 306A(B)、307A(B),馈出到整流变压器的高压侧,经过整流变降压为交流 1180V,再通过整流器整流为直流 1500V,为本段接触网上下行分区提供列车电源。

(二)交流 35kV GIS 开关柜接线方式

交流 35kV 接线方式采用单母线分段。

(三)运行方式

(1)正常运行:交流 35kV 侧两路进线分列运行,母联断路器 303 分闸。

(2)当 35kV 一路进线电源发生故障:合上该站的交流 35kV 侧母联开关,由另一路进线担负供电区域的牵引及动力照明负荷,如图 2-39 所示。

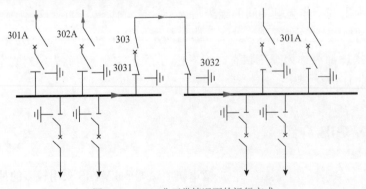

图 2-39 35kV 非正常情况下的运行方式

(四)各开关柜基本参数

(1)额定电压:40.5kV。

(2)额定频率:50Hz。

(3)绝缘气体:SF6 气体。

(4)灭弧方式:真空灭弧。

（5）SF6气体年泄漏率：8DA10柜，<1%；KFM（ZX2）柜，≤0.1%。

（6）结构形式：8DA10柜，三相分箱式；KFM（ZX2）柜，三相共箱式。

（7）SF6气室压力：8DA10柜，0.12~0.15MPa。KFM（ZX2）柜：额定工作压力（20℃时的相对压力）0.03MPa，最低工作压力（20℃时的相对压力）0.02MPa。

（五）8DA10开关柜

8DA10断路器框和开关柜极柱如图2-40所示。

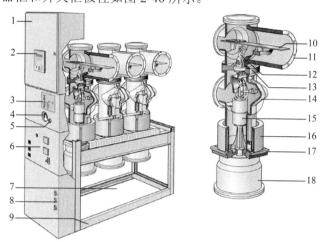

图2-40　8DA10断路器柜和开关柜极柱

1- 低压室（标准高度：850/1200 mm）；2- 保护继电器（选件）；3- 三位置隔离开关的控制与指示板，三位置隔离开关和断路器位置指示器；4- 用于馈线气体室的气体压力指示器（B0）；5- 气体灌充阀；6- 真空断路器的控制与指示板；7- 电缆隔室；8- 用于电压检测系统的插孔；9- 框架；10- 母线；11- 母线外壳；12- 三位置隔离开关；13- 上套管；14- 断路器外壳；15- 真空灭弧室；16- 电流互感器；17- 极柱支撑板；18- 开关柜连接外壳

开关基本结构如图2-41所示。

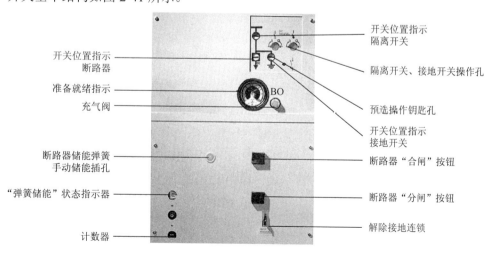

图2-41　开关基本结构

该柜的开关部分由断路器、三工位隔离开关组成。开关内含真空断路器,通过操作机构实现分、合闸操作。三工位隔离开关可控制断路器和上部母线的连接,可执行线路的分、合、接地,可手动或电动操作。主母线与断路器安装在不同的气室内,由三工位隔离开关联系。

(六)KEM(ZX2)-40.5型开关柜

KEM(ZX2)-40.5型气体绝缘金属封闭开关设备是广泛应用当代国际最先进的计算机控制技术、气体及固体绝缘技术、真空断路器技术、信号传感技术及模块化插接技术的最新一代气体绝缘开关设备,其结构如图2-42所示。其适用于额定电压40.5kV、三相交流50Hz的供配电系统,用于接受和分配电能,并对电路进行控制和保护。

该设备设计简洁可靠,热、电、机械特性良好,采用拥有足够强度的材质来制造,结构上保证了正常运行及维修的安全简便。采用模块化设计,保证了结构部件的互换性。

该设备每个柜子为一个独立单元,独立单元内充好额定压力的气体,到现场不需要再充气,这给系统的扩展等方面带来了很大的方便。系统扩展时,只停母线或连接回路的电路,就可以进行施工。

高压带电部分密封在充有SF6气体的密封气室内,壳体可靠接地。

为了最小化柜子的气体泄漏,在封板及部件安装时采用了密封圈,把可吸收水分及其他有害气体的吸收剂,放置在气室内。

考虑到维修和检验的方便,各个单元设计成插拔式的结构,这样可满足温度的变化,也可减少组装时的误差及混凝土基础的相对不平及地震时过度变形等引起的危害。

当内部发生燃弧故障时,为了安全释放内部燃弧后的高温高压气体,设备的气室都装有泄压盘,这些高温高压气体可以通过泄压通道释放到安全的处理场所。

(七)高压断路器介绍

(1)高压断路器是变电所的重要设备之一。电路正常情况下,断路器用来断开和关合电路;电路故障时,通过继电保护动作来断开故障电路,以确保电力系统安全运行。

为此,对高压断路器要求:

①在正常情况下能断开和关合电路:能断开和关合负载电流;能断开和关合空载长线路或电容器组等电容性负荷电流;能断开空载变压器或高压电动机等电感性小负荷电流。

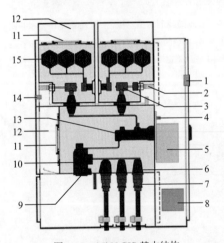

图2-42 35kV GIS基本结构

1-人机界面;2-三工位开关操动机构;3-三工位开关;4-压力传感器;5-断路器操动机构;6-电缆插座;7-插接式电缆头;8-智能型控制、保护单元主机;9-传感器二次端子;10-组合式电流、电压传感器;11-压力释放盘;12-压力释放通道;13-真空断路器;14-电容分压装置测试接口;15-主母线

②在电网发生故障时,能将故障从电网上切除。

③要尽可能缩短断路器切除故障的时间,以减轻电力设备的损坏程度,提高电网稳定性。

④能配合自动重合闸装置,进行单重、综重的动作。

(2)高压断路器的底座、金属框架和外壳必须接地,并与三工位隔离开关具有电气和机械闭锁联系。真空断路器是由真空作为灭弧介质的一种高压断路器。

(3)真空断路器:由外壳、波纹管、屏蔽罩和触头组成。

利用已储能的弹簧为动力,使断路器动作的操动机构,称为弹簧操动机构。该操动机构每次储能后可进行一次分合闸操作。弹簧操动机构通常由以下主要部件组成:

①储能机构,通常由交直流两用的储能电动机、变速齿轮离合器、蜗杆、蜗轮、连杆、拐臂、合闸弹簧或皮带轮、棘爪、棘轮等组成。在蜗杆或变速齿轮轴上,可以套装储能的手柄和储能指示器。

②电磁系统,由合闸线圈、分闸线圈、辅助开关、连锁开关和端子板等组成。

③机械系统,包括合、分闸机构和输出轴等。

(4)真空断路器的特点。

真空断路器由于原理和结构上与其他断路器不同,其具有下列特点:

①熄弧能力强,燃弧时间短,全分断时间也短。

②触头电磨损小,电寿命长,触头不受外界有害气体的侵蚀。

③触头开距小,减少了操动机构的操作,延长机械寿命。

④结构简单,维修工作量小,真空灭弧室和触头不用检修。

⑤体积小,质量轻。

⑥环境污染小。

⑦适合用于频繁操作和快速切断的回路,适合于切断电容性负载电路。

(八)35kV GIS 上的主要设备

(1)以 35kV 某开关柜为例,介绍开关柜内外的主要设备,如图 2-43 ~图 2-45 所示。

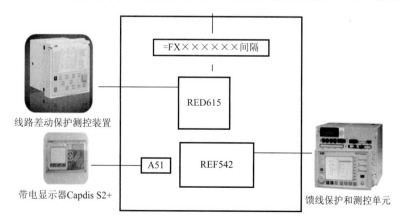

图 2-43 开关柜外面板上设备

图 2-44 低压控制室上部实际图

图 2-45 低压控制室下部实际图

(2) 35kV GIS 开关柜中 REF542 面板各部分简单介绍,如图 2-46 所示。

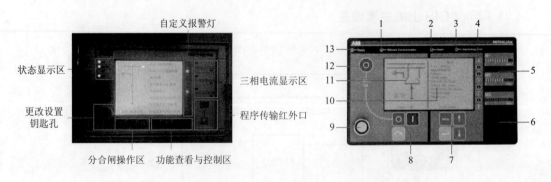

图 2-46 REF542 面板各部分说明

1- 系统通信;2- 报警;3- 违规操作;4- 用户可编程的 LED;5- 测量值条状指示器;6-PC 接口;7- 菜单按键;8- 控制按键;9- 电子钥匙感应器;10- 文字显示区;11-SLD 显示区;12- 断路器快速分闸键;13- 单元就绪

(3) 35kV GIS 中 RED615 面板如图 2-47 所示。

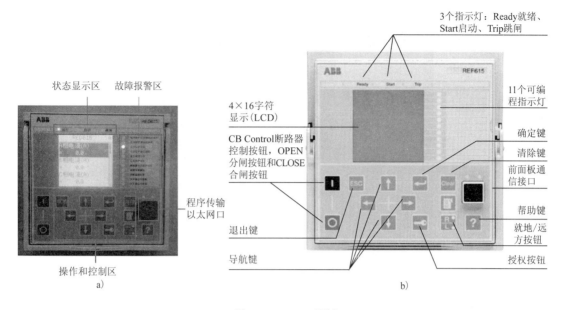

图 2-47 RED615 面板

（4）35kV GIS 中 VD4X 断路器，采用凸轮轮廓特殊设计，输出特性好，合闸弹跳和分闸反弹幅值极小，且无须装设分闸缓冲器；所有规格的操作机构统一通用，备品备件数量、种类极少；动作灵巧，操作寿命长，操作机构只需极少量维护；真空泡在工作寿命内免维护；即使在运行和短路电流情况下频繁操作，对真空也没有任何不良影响。

① VD4X 断路器操作机构，如图 2-48、图 2-49 所示。

② 断路器储能机构，如图 2-50 所示。

③ 断路器真空灭弧室，如图 2-51 所示。

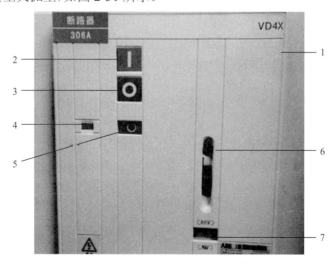

图 2-48 VD4X 真空断路器外部机构图

1-前面板；2-合闸按钮；3-分闸按钮；4-计数器；5-分合闸指示；6-储能手柄插孔（紧急手动操作用）；7-储能状态指示

图 2-49　VD4X 断路器操作机构内部结构图

1- 合闸按钮；2- 分闸按钮；3- 闭锁电磁铁；4- 计数器；5- 合闸指示；6- 分闸指示；7- 断路器辅助触点；8- 防跳继电器；9- 储能手柄插孔（紧急手动操作用）；10- 储能状态指示

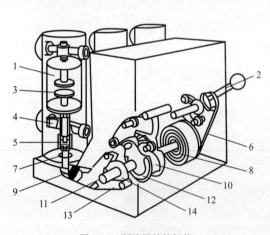

图 2-50　断路器储能机构

1- 真空灭弧室；2- 储能手柄；3- 动滚触头；4- 滚动触头；5- 压力弹簧；6- 传动链；7- 绝缘拉杆；8- 带外罩的扭力弹簧；9- 分闸弹簧；10- 控制盘；11- 主轴；12- 左叶控制凸轮；13- 双臂移动连杆；14- 凸轮盘

图 2-51　断路器真空灭弧室

1- 陶瓷绝缘外壳；2- 端盖；3- 动触头；4- 静触头；5- 圆柱式终端；6- 螺纹式终端；7- 金属波纹管；8- 屏蔽罩

（九）35kV GIS 的主要操作

35kV 系统可通过控制中心遥控（中央级）、变电所集中控制（变电所级）和设备本体控制（就地级）三级控制。正常运营期间，供电系统运行以控制中心远控为主。各级变电所运行不采用就地控制,只有在需要检修或设备故障时,根据需要对设备进行就地控制。就地控制可以分为就地电气操作和就地机械操作。优先采用就地电气操作断路器,需要使用542保护装置的电子钥匙,并在542保护面板上进行电气操作。就地机械操作的分合闸按钮在断路器面板上。

(十)35kV GIS 的保护配置

35kV GIS 使用 RED615 保护装置作为两端电流互感器之间电缆的差动保护装置,使用 REF542 母联备自投作为开关柜本体的综合保护装置。

1. 保护配置

馈线保护(动力、整流变)配置保护有速断、过电流、过负荷、零序电流保护和断路器失灵保护。

进出线、母联配置的保护有过电流Ⅱ段、零序电流Ⅱ段、过电流Ⅳ段和差动保护。过电流Ⅱ段、零序电流Ⅱ段、过电流Ⅳ段是数字式电流保护,是为了保护选择性而设置,即故障应从下往上跳,不应出现直接跳至上级,导致故障扩大。

(1)电流速断保护

电流速断保护按照被保护设备的短路电流整定。当短路电流超过整定值时,则保护装置无延时动作,断路器跳闸,电流速断保护一般没有时限,不能保护线路全长(为避免失去选择性)。

(2)过电流保护

过电流保护是指当流过被保护元件中的电流超过预先整定的某个数值时,保护装置启动,并用时限保证动作的选择性,使断路器跳闸切除故障或给出报警信号。

(3)过负荷保护(反时限过电流保护)

过负荷保护是动作时限与被保护线路中电流大小有关的一种保护。当电流大时,保护的动作时限短,而电流小时动作时限长。同一线路不同地点短路时,由于短路电流不同,保护具有不同的动作时限,在线路靠近电源端短路电流较大,动作时间较短。反时限过流保护的优点是在线路靠近电源处短路时保护动作时限较短;缺点是时限配合较复杂,虽然每条线路靠近电源端短路时动作时限比末端短路时动作时限短,但当线路级数较多时,总的动作时限仍然很长。

(4)断路器失灵保护

断路器失灵保护是指故障电气设备的继电保护动作发出跳闸命令而断路器拒动时,利用故障设备的保护动作信息与拒动断路器的电流信息构成对断路器失灵的判别,能够以较短的时限,切除同一变电所内其他有关的断路器,使停电范围限制在最小,从而保证整个电网的稳定运行,避免造成发电机、变压器等故障元件的严重烧损和电网的崩溃瓦解事故。例如,当馈电断路器拒动时,跳进出线和母联断路器。

(5)零序电流保护

在大短路电流接地系统中发生接地故障后,就有零序电流、零序电压和零序功率出现,利用这些电气量而构成保护接地短路的继电保护装置,统称为零序保护。零序电流主要反映的是三相电流不平衡,通常采用的是继保通过电流互感器采集的电流量计算出零序电流,以此电流为依据进行保护设置。另外,还有一种得到零序电流的方法,是通过零序电流互感器直接测量得出。

(6) RED615 差动保护

RED615 差动保护是通过比较线路首末两端电流大小和相位实现的。当线路正常运行时,对于该段电缆,根据基尔霍夫定律,电缆两端流入该电缆的电流矢量和应为零;当线路发生内部故障,电缆两端流入该电缆的电流矢量和不为零,差动保护即是利用这个原理实现保护线路的功能。35kV 进出线柜主要利用 RED615 继电保护装置实现差动保护功能,本侧 RED615 通过光纤与电缆另一端的 RED615 进行通信,根据两者采集的电流信号,计算出差动电流,当差动电流达到定值后,跳电缆两端的断路器,切除故障。

2. REF542 母联备自投

当 35kV GIS 在非正常情况下时需要合母联断路器,母联备自投逻辑图如图 2-52 所示。

母联备自投的条件:

(1) 母联断路器备自投投入。

(2) Ⅰ段(Ⅱ段)母排无压,Ⅱ段(Ⅰ段)母排有压。

(3) 母联断路器在分位,隔离开关在合位。

(4) 出线 1 或进线 1(出线 2 或进线 2)差动保护动作启动备自投。

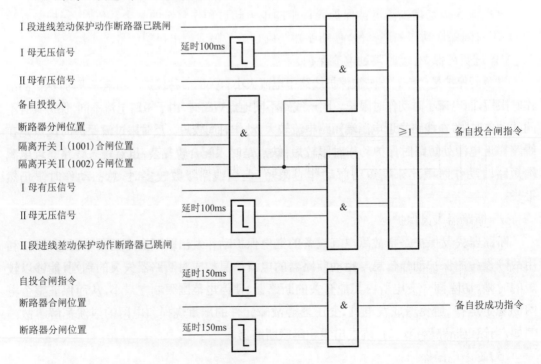

图 2-52 母联备自投逻辑图

二、35kV GIS 逻辑介绍与读图方法

(一)馈线断路器分合闸逻辑

35kV 馈线断路器分合闸逻辑图如图 2-53 所示。

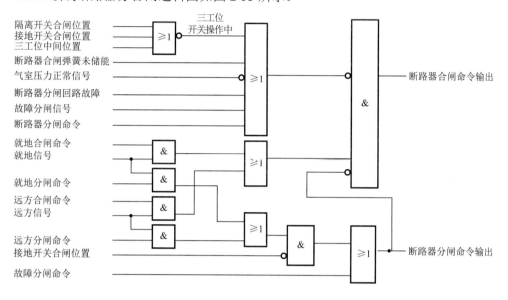

图 2-53　35kV 馈线断路器分合闸逻辑图

(二)35kV GIS 图纸读图方法

1. 图纸标号原则

图纸编号分为四部分,各部分含义如下:

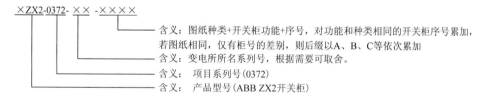

2. 二次图纸的种类

(1)柜体排列图(Switchgear Overall General Arrangement),代号 A。

(2)原理图(Schematic Diagrams),代号 S。

(3)端子排图(Terminal Diagrams),代号 T。

(4)设备清单(Equipment Schedule),代号 E。

3. 开关柜的种类

开关柜按其功能分类,共有 7 种柜型。

(1)进线柜(Incoming Panel),代号 I。

(2)隔离柜(Disconnection Panel),代号 D。

(3)馈线柜(Feeder Panel),代号 F。

(4)母联柜(Bus Tie Panel),代号 B。

(5)母线提升柜(Bus Riser Panel),代号 R。

(6)专用计量柜(Metering Panel),代号 M。

(7)PT 柜(P.T. Panel),代号 P。

4. 常用元器件图例符号

(1)线型:

①细实线,表示二次元器件之间的连接线及元器件的内部接线。

②细实线框,表示同一元器件内。

③粗实线,表示一次回路电气元器件及连接线。

④粗点画线框,表示非本柜内的元器件。

⑤粗虚线框,表示由用户提供的元器件。

(2)标注:图纸上方标注栏的文字是用来说明其垂直区域内回路的功能;图纸中不同页间的连接线以符号 (SM30+) 表示,横线下方的字符表示连接的页数,横线上方的字符表示回路代号。

(3)端子排的编号原则:

① X1:直流辅助电源小母线(供控制和保护用)。

② X2:备用。

③ X3:控制、保护回路。

④ X4:电流互感器二次回路。

⑤ X5:提供给客户的信号回路。

⑥ X6:电压互感器二次回路。

⑦ X7:备用。

⑧ X8:变送器的输出信号回路。

⑨ X9:交流辅助电源小母线。

(4)常用元器件图例符号,见表2-8。

常用元器件图例符号　　　　　　　表2-8

元器件	图例符号	元器件	图例符号
选择开关 (Select Switch)	L1—L2 L2—L3 L3—L1 OFF	按钮 (Push Button)	
电容性电压指示器 (Capacitive Voltage Indication)		熔断器 (Fuse)	
位置指示器 (Position Indicator)		断路器 (Circuit Breaker)	

续上表

元器件	图例符号	元器件	图例符号
微型空气开关 （Miniature Circuit Breaker）		负荷开关 （Load Switch）	
隔离开关 （Disconnector）		接地开关 （Earthing Switch）	
避雷器 （Surge Arrester）		常开接点 （Normal Open Contact）	
电流互感器 （Current Transformer）		常闭接点 （Normal Close Contact）	
电压互感器 （Voltage Transformer）			

（三）KFM（ZX2）开关柜分合闸原理

以 KFM（ZX2）开关柜为例，简单介绍其分合闸动作原理。

1. 断路器分合闸原理

其分合闸原理图如图 2-54 所示。

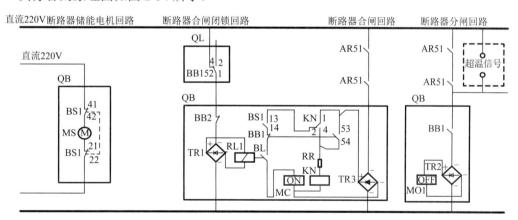

图 2-54　断路器分合闸原理图

图 2-54 中的图纸符号与说明见表 2-9。

断路器图纸符号与说明　　　　　表 2-9

符号	说　明	符号	说　明
RL1	合闸闭锁电磁铁	KN	防跳继电器
MO1	分闸脱扣器	AR51	保护装置
MC	合闸脱扣器	RR	串联电阻
TR1～TR3	桥式整流装置	BS1	与储能机构联动的辅助开关
MS	断路器操作机构储能电机	BL	合闸闭锁电磁铁的辅助开关

断路器分合闸操作的流程如图 2-55 所示。

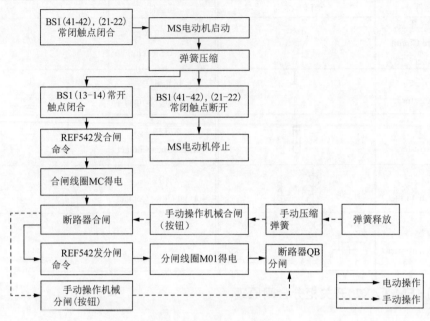

图 2-55　断路器分合闸流程图

2. 三工位隔离开关分合闸原理

可手动、电动操作三工位隔离开关。当三工位隔离开关为电动操作时,可控制电动机的正、反运行。

(1) 三工位隔离开关分合闸原理如图 2-56 所示。

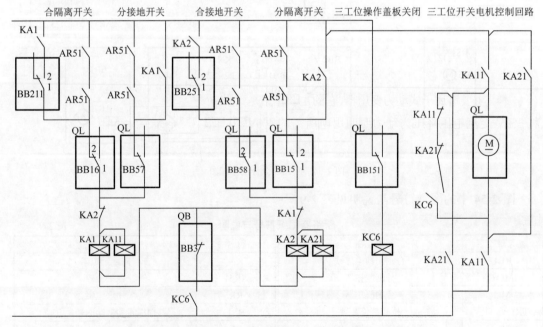

图 2-56　三工位隔离开关分合闸原理图

图2-56中的符号与说明见表2-10。

三工位隔离开关图纸符号与说明　　　　　表2-10

符号	说　明	符号	说　明
M	三工位隔离开关隔离/接地开关驱动电机	BB58	三工位隔离开关接地位置辅助开关
BB15	三工位隔离开关分闸位置辅助开关	BB151	操作孔盖板的辅助开关
BB16	三工位隔离开关合闸位置辅助开关	BB211	三工位隔离开关分闸位置辅助开关
BB57	三工位隔离开关分闸位置辅助开关	BB251	三工位隔离开关分闸位置辅助开关

(2) 电动分合闸过程。

合隔离开关时，三工位隔离开关分闸位置辅助开关BB211(1、2)触点合，REF542发合闸命令，KA1、KA11线圈得电，三工位隔离开关电机正转，隔离开关合闸。电机转动到位，辅助开关BB16(1、2)触点分开，KA1、KA11线圈不再得电。

分隔离开关时，REF542发分闸命令，KA2、KA21线圈得电，三工位隔离开关电机反转，隔离开关分闸。电机转动到位，辅助开关BB15(1、2)触点分开，KA2、KA21线圈不再得电。

合接地开关时，三工位隔离开关分闸位置辅助开关BB251(1、2)触点合，REF542发合闸命令，KA2、KA21线圈得电，三工位隔离开关电机反转，接地开关合闸。电机转动到位，辅助开关BB58(1、2)触点分，KA1、KA11线圈不再得电。

分接地开关时，三工位隔离开关分闸位置辅助开关BB211(1、2)触点合，REF542发分闸命令，KA1、KA11线圈得电三工位隔离开关电机正转，接地开关分闸。电机转动到位，辅助开关BB15(1、2)触点分，KA1、KA11线圈不再得电。

第五节　干式动力变压器

本节主要讲述干式动力变压器，它的主要作用是将35kV交流电压降压为动力照明用电所需的400V交流电压，并通过低压开关柜和低压电缆馈出，向各种低压用电设备提供电源，如图2-57所示。

一、干式动力变压器

(一) 定义及分类

变压器的线圈和铁芯不浸在绝缘液体中的变压器称干式动力变压器，其一般可分为环氧树脂浇

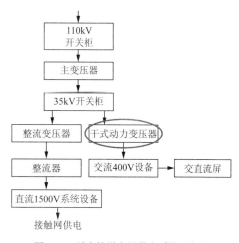

图2-57　城市轨道交通供电系统示意图

注式、绕包式和敞开式三种。目前,国内大部分干式动力变压器为环氧树脂浇注式。

环氧树脂浇注变压器是将绕制的高低压线圈固定在模具内,在真空的状态下用环氧树脂浇注成型。

环氧树脂浇注变压器按有无填料(硅微粉),将其分为带填料树脂浇注和不带填料树脂浇注;按绝缘材料的耐热等级,将其分为 F 级绝缘和 H 级绝缘,其中,F 级绝缘的温升限值为 100K,H 级绝缘的温升限值为 125K。目前国内厂家大部分为 F 级绝缘。

(二)特点

与传统的油浸变压器相比,环氧树脂浇注干式动力变压器具有以下的明显特点:

(1)经济环保,由于其没有油浸变压器的渗漏油现象,所以不会污染环境。

(2)适合复杂的安装环境,如地下矿井、城市轨道交通、高层建筑等。同时可深入负荷中心,提高用电质量。

(3)由于其本身的阻燃特性,适合防火要求较高的场所,彻底避免了火灾隐患。

(4)因其高低压线圈的固体浇注成型,其抗短路能力大大增强。

(5)通过配备的温控、温显系统,完全达到对变压器的循环显示和监控,真正实现了免维护。

(6)其过载能力强。

(7)设计精巧,外形美观。

(三)干式动力变压器介绍

城市轨道交通通常采用的是干式动力变压器,现以 SCB10- 容量 /35 型号的变压器为例,加以说明。

1. 基本参数

(1)额定容量:630kV·A、800kV·A、1000kV·A、1250kV·A。

(2)额定电压:35kV/0.4kV。

(3)额定电流:根据变压器容量不同而不同。

(4)阻抗电压:容量 $S_n \leq 630$kV·A,常规为 4%;630kV·A $\leq$ 容量 $S_n \leq 2500$kV·A,常规为 6%(根据变压器不同有差别)。

(5)连接组别:Dyn11。

(6)分接挡位范围:±2×2.5%。

(7)运行方式:正常情况下,两台动力变压器单独运行,分别担负一级、二段低压母排的供电。当一台动力变压器推出运行时,会自动切除三级负荷,由另一台动力变压器担负供电区域的动力照明一级、二级负荷。

2. 干式动力变压器外观及结构

干式动力变压器外观及结构如图 2-58、图 2-59 所示。

图 2-58 干式动力变压器外观

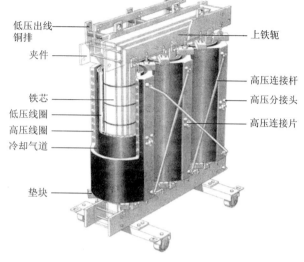

图 2-59 干式动力变压器结构

3. 干式动力变压器与其他设备的连接

（1）与高压柜对接：变压器与高压柜之间一般通过电缆线连接。

（2）与低压柜对接：变压器与低压柜一般为母排连接，可直接连接也可通过过渡母排连接。

4. 干式动力变压器的运行

（1）干式动力变压器投入运行前，应根据变压器铭牌和分接指示牌，将分接片调到合适的位置。

（2）采用无载（无负荷）调压，调压时必须停电操作。应根据电网电压把调压分接头的连接片按铭牌和分接指示牌上的标志，接到相应的位置上。

对电压为 $35000\pm2\times2.5\%V$ 的变压器，其铭牌电压表示如下：

6-5 代表 36750V，5-7 代表 35875V，7-4 代表 35000V，4-8 代表 34125V，8-3 代表 33250V。

若电网电压为 35kV，则分接片应接 7-4 挡；若输出电压偏高时，在确保高压断电情况下，将分接头的连接片往上接；当输出电压偏低时，在确保高压断电情况下，将分接头的连接片往下接，如图 2-60 所示。

用一句话总结，即"高往高调、低往低调"。

图 2-60 动力变压器分接头连接片

5. 变压器的温度控制系统

温控器的设计以单片机作为中央处理单元，配合其他电路完成温度的测量、显示及相应的各种报警、控制信号的输出。温控器利用其电阻值随温度变化而变化的基本原理，由预埋在干式变压器三相绕组中三个铂热电阻传感器（Pt100）产生与绕组温度值相应的电阻信号，经滤波、放大和模数转换后输入单片机。单片机根据输入的测量数据以及由外部设定的各种控制参数,经过计算与处理,显示被测量绕组的温度值并输出相应的控制信号;通过通信接口(RS485)和标准4～20mA模拟电流远传。

通常情况下,三相绕组上设置超温报警和超温跳闸,铁芯上只设置超温报警。

6. 干式动力变压器并列运行的条件

(1)变比相等(一、二次侧额定电压相等)。

(2)联结组别相同。

(3)阻抗电压相等。

二、干式接地变压器介绍

我国电力系统中的6kV、10kV、35kV电网中一般都采用中性点不接地的运行方式。电网中主变压器配电电压侧一般为三角形接法,没有可供接地电阻的中性点。当中性点不接地系统发生单相接地故障时,线电压三角形仍然保持对称,对用户继续工作影响不大,并且电容电流比较小(小于10A)时,一些瞬时性接地故障能够自行消失,这对提高供电可靠性,减少停电事故是非常有效的。

但是,随着电力事业的日益壮大和发展,这种简单的方式已不能满足现在的需求,在城市电网中,电缆电路增多,线路电容电流越来越大(超过10A),此时接地电弧不能可靠熄灭,就会产生以下后果:

(1)单相接地电弧发生间歇性的熄灭与重燃,会产生弧光接地过电压,其幅值可达$4U$(U为正常相电压峰值)或者更高,持续时间长,会对电气设备的绝缘造成极大的危害,在绝缘薄弱处形成击穿,造成重大损失。

(2)由于持续电弧造成空气的离解,破坏了周围空气的绝缘,容易发生相间短路。

(3)产生铁磁谐振过电压,容易烧坏电压互感器并引起避雷器的损坏,甚至可能使避雷器爆炸。这些后果将严重威胁电网设备的绝缘,危及电网的安全运行。

为了防止上述事故的发生,为系统提供足够的零序电流和零序电压,使接地保护可靠动作,需人为建立一个中性点,以便在中性点接入接地电阻。接地变压器就在这样的情况下产生了。接地变压器就是人为制造了一个中性点接地电阻,它的接地电阻一般很小(一般要求小于5Ω)。另外接地变压器具有电磁特性,对正序负序电流呈高阻抗,绕组中只流过很小的励磁电流。由于每个铁芯柱上两段绕组绕向相反,同心柱上两绕组流过相等的零序电流呈现低阻抗,零序电流在绕组上的压降很小:当系统发生接地故障时,在绕组中将流过正序、负序和零序电流,该绕组对正序和负序电流呈现高阻抗;而对零序电流来说,由于在同一相的两绕组反极性串联,其感应电动势大小相等,方向相反,正好相互抵消,因此呈低阻抗。由于很多接地变压器只提供中性点接地小电阻,而不需带负载,所以很多接地变压器就是属于无二次的。接地变压器在电网正常运行时,接地变压器相当于空载状态。但是,当电网发生故障时,只在短时间内通过故障电流。中性点经小电阻接地电网发生单相接地故障时,高灵敏度的零序保护判断并短时切除故障线路,接地变压器只在接地故障至故障线路零序保护动作切除故障线路这段时间内起作用,中性点接地电阻和接地变压器才会通过零序电流。根据上述分析,接地变压器的运行特点:长时空载,短时过载。接地变压器是人为的制造一个中性点,用来连接接地电阻。当系统发生接地故障时,对正序负序电流呈高阻抗,对零序电流呈低阻抗性使接地保护可靠动作。

第六节 整流机组

牵引变电所中的整流机组由干式整流变压器和整流器组成。

一、干式整流变压器介绍

整流变压器的作用是将交流 35kV 电压降压为交流 1180V 电压,作为整流器的交流输入端,如图 2-61 所示。

整流变压器大多采用干式、户内、自冷、环氧树脂浇注变压器。这是因为其具有如下几个特点:

(1)具有良好的阻燃性,使用安全,可安装在负荷中心。

(2)节能低耗。

(3)体积小、重量轻,便于安装。

(4)无污染,不需要特别的维护。

(5)耐潮湿。

(6)局部放电量小。

(7)机械强度高、无开裂。

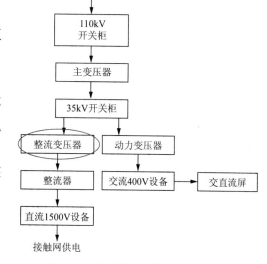

图 2-61 城市轨道交通供电系统示意图

因此整流变压器广泛应用于输变电系统、宾馆酒店、高层建筑、商业中心、体育场馆、石化工厂、电厂、机场、车站、海上钻台等场所,特别是安装空间有限、须靠近负荷中心和具有特殊防火要求的场合,更能充分发挥其体积小、阻燃性好的优越性。

(一)整流变压器基本参数

(1)额定容量:2200kV·A,2500kV·A。

(2)额定电压:35kV/1.18kV。

(3)额定电流:高压41.2A,低压Y/△611.6A。

(4)阻抗电压:7.55%。

(5)连接组别:Dy5d0/Dy7d2。

(6)分接挡位范围:±2×2.5%。

整流变压器设置了5挡分接头,高压侧电压在35kV±2×2.5%V范围内调整,分接头为无载调压,通过调整绕组上的分接连接片实现调压。出厂时设定为额定分接,当低压输出电压偏高时,将分接片向上调(匝数增加),电压将下降;当低压输出电压偏低时,将分接片向下调(匝数减少),电压将上升。由于整流变压器为四绕组变压器,在调整分接头时,必须同时调整二组高压绕组相对应的分接头,以保证两个低压绕组的输出线电压一致。

(二)技术性能

(1)单台变压器为十二脉波整流变压器,两台变压器并联运行构成等效二十四脉波整流变压器。同容量整流变压器可互换。

(2)整流机组负荷等级:① 100%额定负荷,连续;② 150%额定负荷,2h;③ 300%额定负荷,1min。

(3)整流变压器接线组别:单台整流变压器所采用的接线组别,应使得其二次侧两组线圈电压相角差30°。

(4)每个牵引变电所内并联运行的两台整流变压器一次侧绕组分别移相+7.5°和-7.5°,使两台整流变压器二次侧电压相角差15°,通过整流器构成等效24脉波整流。

二、整流器介绍

(一)整流管的基本知识及参数

1. 结构与工作原理

P型半导体和N型半导体结合在一起组成的P-N结具有单向导电的特性,大功率平板型二极管就是把一个面积较大的P-N结,两边用铜块压结,并以瓷外壳作为两极之间绝缘而封装起来的。二极管是两端器件:P型半导体的一端为阳极,用字母A表示;N型半导体的一端为阴极,用字母K表示。当A端加上正向电压时,整流管表现为一个很小的电阻,流过较大的正向电流,称为正向导通。当K端加上正电压时,整流管表现为一个很大的电阻,几乎没有电流通过,称为反向截止。当反向电压增加过大时,可使整流管失去反向截止能力,而导致P-N结反向击穿。

2. 额定值和特性值

半导体的额定值是在规定的工作温度范围内均应满足的极限值。当超过这一极限值时,可导致器件失效。特性值则不然,当使用中超过其特性值规定范围时,允许性能指标下降,并不直接导致器件的失效。对于特性值,一般给出典型值或允许范围。

(1) 额定值

①二极管的额定正向平均电流 I_{FAV}。

I_{FAV} 是在单相半波电阻性负载条件下,不超过器件的最高结温 T_{jm} 或规定壳温 T_c 时,允许通过的正向电流在一个周期的平均值。特别指出,电流在这里有结温额定电流和壳温额定电流两种。现在国家标准给出半导体器件的 I_{FAV} 是采用壳温额定电流。壳温额定电流一般是指不带散热器的,并非工作时真能用到这么大的电流。壳温额定电流,在实际使用中能用到多大,要取决于冷却条件(散热器的大小、冷却方式)、环境温度等。

②二极管的反向重复峰值电压 U_{RRM}。

U_{RRM} 是二极管在最高结温 150℃下,允许每秒 50 次,每次持续时间不大于 10ms,重复施加的反向最大脉冲电压。通常所说半导体的额定电压,对二极管而言,就是反向重复峰值电压 U_{RRM} 值。

③二极管的浪涌电流 I_{FSM}。

I_{FSM} 为二极管在结温 150℃、施加 $0.8I_{FSM}$ 的反向重复峰值电压,器件允许通过的工频正弦半波过载峰值电流。一般样本给出为一个周波(10ms)的数值,随着过载时间增加,浪涌电流呈指数曲线下降。该值用于校验变流装置的短路过载能力。

④电流平方时间积 I_{2t}。

电流平方时间积 I_{2t} 是器件承受正向不重复最大电流的能力。它是用来选择保护半导体器件的快速熔断器的参数,要求快速熔断器的熔断 I_{2t} 小于半导体器件的 I_{2t}。

⑤内部等效结温 T_j。

二极管内部等效结温 T_j 是指 P-N 结的平均温度,最高允许结温 T_{jm} 是指在 P-N 结不致损坏前提下,所能承受的平均温度。

(2) 特性值

①二极管的正向峰值电压 U_{FM}。

结温在 25℃,通以 3 倍通态平均电流或正向平均电流的峰值电流时,在二极管两端测出的峰值电压,通常又称管压降。在更换器件,调节均流时使用。

②反向重复峰值电流 I_{RRM}。

反向重复峰值电流是 I_{RRM},对应于整流管施加反向重复峰值电压 U_{RRM} 时的反向峰值漏电流。I_{RRM} 还和测量温度有关,一般半导体器件的样本给出的是对应于最高工作结温 T_j 的数值,而常温测出的数值要小得多,这是因为半导体材料具有负阻特性,温度升高内阻减小。I_{RRM} 可用作判断半导体器件电压降级的依据,当超过规定值时,U_{RRM} 必须降级使用。

(二) 基本整流电路原理

生产实践中,要将交流电变成直流电,可利用各种整流电路,但经过整流、滤波后的直流电,不可避免夹杂有交流电,产生纹波,纹波系数的大小,与相数有关。脉波数是指一个周期内 U_d 所包含的波头数,比如单相半波的脉波数为1,单相桥式的脉波数为2,三相桥式的脉波数为6。脉波数越多,输出直流电压纹波系数越小,电压更趋近平整。以三相桥式全波整流电路为例,说明工作原理。三相桥式整流电路及波形。如图2-62、图2-63所示。

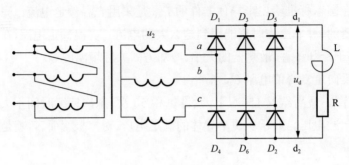

图 2-62　三相桥式整流电路

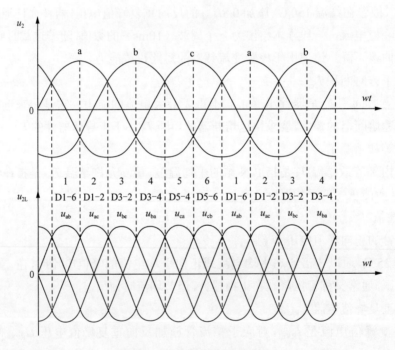

图 2-63　三相桥式整流电路波形

图2-63是波形图,为了分析方便起见,把一个周期等分6段。在第1段时期,a相电位最高,因而共阴极的 D_1 导通,b相位最低,所以共阳极组的 D_6 也导通。这时电流由a相经 D_1 流向负载,再经 D_6 流入b相。变压器a、b两相工作,共阴极的相电流为正,共阳极的相电流为负。加在负载上的整流电压为:$U_d=U_a-U_b=U_{ab}$。

经过60°后,进入第2段时期。这时a相电位仍然最高,D_1 继续导通,但c相电位却变成最高,当经过自然换相点时,c相 D_2 导通,电流即从b相换到c相,D_6 承受反向电压而关断。这是电流由 a 相流出,经 D_1、负载、D_2 流回电源 c 相。变压器 a、c 两相工作。这时 a 相电流为正,c 相电流为负。在负载上的电压为:$U_d=U_a-U_c=U_{ac}$。

再经过 60°,进入第 3 段时期,这时 b 相电位最高,共阴极组在经过自然换相点时,D_3 导通,电流从 a 相换到 b 相,c 相 D_2 因电位仍然最低而继续导通。此时变压器 b、c 两相工作,在负载上的电压为:$U_d=U_b-U_c=U_{bc}$。

依此类推,在第 4 段时期内,D_3、D_4 导通,变压器 b、a 两相工作。在第 5 段时期内,D_5、D_4 导通,变压器 c、a 两相工作。在第 6 段时期内,D_5、D_6 导通,变压器 c、b 两相工作,接着又重复上述过程。

(三)城市轨道交通供电系统整流器

城市轨道交通的整流器采用成套设备,它将整流变压器降压后的交流 1180V 整流成牵引列车所需要的直流 1500V 电压,如图 2-64 所示。

城市轨道交通采用的整流器作为大功率整流设备,属于非线性负荷,从电网吸收非正弦电流,引起电网电压的畸变,因此整流机组属于重要的谐波源。为了抑制整流机组谐波对电网的影响,通常的措施是将变压器的一

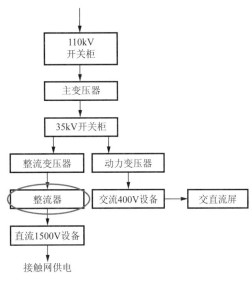

图 2-64 城市轨道交通供电系统示意图

次绕组或二次绕组接成三角形,使励磁电流的 3 次谐波或零序分量能够流通,使 3 倍次谐波或 3 的整数倍次谐波电流不注入电网。因此,在确定城市轨道交通整流机组规格时,考虑带三角形联结的变压器,同时尽可能地增加整流的相数,以减少谐波污染。下面将重点介绍常见的 24 脉波整流机组。

1. 整流器工作原理

在牵引变电所内,通过整流变压器将交流 35kV 降到交流 1180V,再经整流器转换成直流 1500V 向接触网送电。每座牵引变电所,由整流变压器和整流器组成整流机组,24 脉波整流电路由两组 12 脉波整流电路组成,12 脉波整流由两个 6 脉波三相整流桥并联组成。其中,一个三相整流桥接向整流变压器的二次侧星型绕组,另一个三相整流桥接向整流变压器的二次侧三角形绕组。由于每台整流变压器二次侧星型绕组和三角形绕组相应的线电压相位错开 π/6,便可以得到两个三相桥并联组成的 12 脉波整流电路,当供给两台 12 脉波整流器的整流变压器高压网侧并联的绕组分别采用 ±7.5° 外延三角形连接时,两套整流机组并联运行构成等效 24 脉波整流。12 脉波整流电路图如图 2-65、图 2-66 所示。

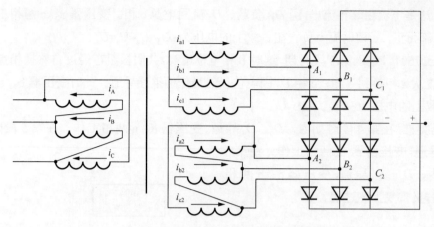

图 2-65 12 脉波整流电路图

以接整流变压器 Y 形绕组为例,某一时刻 α=0°,L1 相电压最高、L2 相电压最低时,二极管 VT4、VT3 导通;在 α=60°,L1 相电压最高、L3 相电压最低时,VT4、VT5 导通;在 α=120°,L2 相电压最高、L3 相电压最低时,VT6、VT5 导通;在 α=180°,L2 相电压最高、L1 相电压最低时,VT6、VT1 导通;在 α=240°,L3 相电压最高、L1 相电压最低时,VT2、VT1 导通;在 α=300°,L3 相电压最高、L2 相电压最低时,VT2、VT3 导通;依此类推,产生 6 脉波直流电。

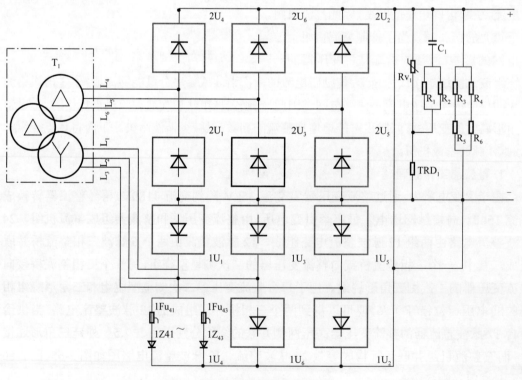

图 2-66 整流器原理电路图

$1Fu_{41}$、$1Fu_{43}$- 快速熔断器;Rv_1- 压敏电阻;R_1、R_2、C_1- 直流侧吸收 RC;$R_3 \sim R_6$- 负载电阻

整流变压器△形绕组线电压滞后于Y形绕组线电压30°,因此,并联后,产生12脉波直流电。

2. 整流器技术条件

（1）整流器设备主要技术参数

①额定功率:2250kW。

②额定交流输入电压:1180V。

③额定直流输出电压:1500V。

④额定直流电流:1467A。

⑤冷却方式:空气自然冷却。

⑥过载能力:100%时——连续;150%时——2h;300%时——1min。

⑦整流器耐压:主回路对地、主回路对辅助回路6kV;辅助回路对地2kV。

⑧整流器臂并联的冗余度为P-1,仼一桥臂并联的二极管有一个损坏时,能正常运行,满足整流器的过负荷要求及承受短路电流的要求。

⑨二极管采用平板式,型号均为ZP2200-44,采用铝型材散热器,二极管的反向重复峰值电压4400V,二极管的正向额定电流2200A。

⑩整流器桥臂并联二极管的电流不平衡度≤10%。

⑪整流器桥臂二极管串并联数:1串3并。

⑫整流器设计寿命为30年。

（2）整流器设备配置的保护

①快速熔断器保护:每只二极管串联一个快速熔断器。

②交流侧过电压保护:压敏电阻、特种熔断器。

③过电压保护:RC回路、压敏电阻及特种熔断器。

④温度保护:在整流器预测最热处设置温度传感器元件。

⑤逆流保护:在每个桥臂串联一个电流传感器,检测逆流信号。

（3）整流器的控制与信号回路

①二极管故障指示回路:整流器同一整流桥臂的一个二极管故障,或不同整流器桥臂的两个二极管故障时均不跳闸,将二极管故障信号通过接点在当地和远方显示。

②二极管故障跳闸控制回路:整流器同一整流桥臂的两个二极管故障时,发出跳闸信号,将二极管故障信号通过接点在当地和远方显示。

③整流器温度报警和跳闸指示回路:当整流器测试点的温度超过设定值时,能分级发出报警和跳闸信号,在当地和远方显示故障信号。

④逆流保护显示:当每个桥臂安装的电流传感器检测到逆向电流时,发出逆流跳闸信号,并在显示屏显示。

3. 整流器柜结构

整流器柜内采用尺寸为1200mm×1200mm×2200mm的金属屏柜,柜体无焊接,全部采用不锈钢螺栓连接,在柜体的前后门下部开有进气网孔,上部设有散热通风孔,两侧封盖,柜体经电镀锌处理,防腐性强,表面静电塑料喷粉。

两个三相整流桥分别装在柜子的上下部分,从前门开门可以清晰地看到垂直排列的三列元件分上下两部分,前门一面放置4、6、2桥臂,后门一面放置1、3、5桥臂。两个三相桥的对应序号桥臂 $1U_1$ 和 $2U_1$、$1U_3$ 和 $2U_3$…并联在一起,共阳极或共阴极组成一组整流堆。每组整流堆由一个加工成条状的散热器和6个块状的散热器压装上二极管组成,每组整流堆有6个二极管,每柜共6组整流堆。

交流汇流母排 $L_1 \sim L_6$ 及直流输出母排 L+、L-,集中在屏柜内下方进、出线。

每桥臂铜母线上串装有逆流保护用电流传感器,快速熔断器一端接至交流母排上,另一端用铜排与块状(独立)散热器连接,柜体的防护等级为 IP20,柜前有模拟图,显示整流器的接线方式,具体结构如图 2-67、图 2-68 所示,每个柜体质量为 1200kg。

图 2-67 整流器外观图　　图 2-68 整流器柜内结构图

4. 整流器保护设置

整流器设置二极管报警(单个桥臂一个熔断器熔断或任意不同桥臂的各一个熔断器熔断)、熔断器熔断跳闸(同一个桥臂的两个及以上熔断器熔断)、整流器温度高报警及跳闸、逆流保护跳闸。

(1)熔断器保护

由于二极管元件的热容量小,在过流故障状态下必须要有快速保护。整流器快速保护的方式采用快速熔断器保护,这是通常采用的方式。快速熔断器具有与二极管元件相类似的热特性,是一种较为理想的保护器件。由于快速熔断器保护分断后,一般仅有一个元件退出运行,整流桥仍能在缺一波头的情况下运行,因此对于牵引供电而言,其具有优异的可靠性。

(2)逆流保护

城市轨道交通 1500V 设备采用 24 脉波全波整流系统,在二极管整流器上装设有逆流保护。其原理为:在整流器的每一个整流桥臂上都装有1个穿心式电流互感器,如果整流桥臂内的某个二极管反向击穿,则在这个二极管支路的熔断器开始熔断的弧前时间和燃弧时间内,将有故障电流流经这个桥臂,接在电流互感器二次侧的逆流保护单元就有信号输出,向整流机组 35kV GIS 保护装置发出跳闸信号,35kV 断路器保护分闸,同时 35kV 保护控制输出向 1500V 进线断路器 S7-300 发跳闸信号,S7-300 再保护分闸 1500V 进线开关。

当桥臂支路整流元件击穿出现逆向电流时,电流互感器给出逆流取样信号,通过接通逆流保护板出口继电器接点,向整流机组的计算机保护装置输入切断整流机组电源的跳闸命令。

(3)超温保护

当整流器由于周围环境影响或长时间过负荷运行而引起温度上升,超过整定值,威胁到整流器及其他设备的正常运行时,超温保护动作,切断整流机组电源,整流器退出运行。

第七节 直流 1500V 系统

牵引变电所直流 1500V 系统设备包括直流开关柜(含轨电位、负极柜)、整流器、制动能耗装置、排流柜及静调电源柜等设备,其在城市轨道交通供电系统的位置如图 2-69 所示。

一、直流 1500V 系统介绍

1. 设备基本配置

典型变电所直流 1500V 设备基本布局为:2 台整流器柜,用 RC1、RC2 表示;2 台进线开关柜,用 201、202 表示;5 台馈线开关柜,用 211、212、213、214、219 表示;一台负极柜,用 N 表示;1 台轨电位限制装置,用 OV 表示;6 台上网隔离开关,用 2111、2121、2131、2141、2113、2124 表示;1 台排流柜,用 DR 表示;一套制动能耗装置(包括隔离开关柜 BC1 和斩波柜 BC2)。

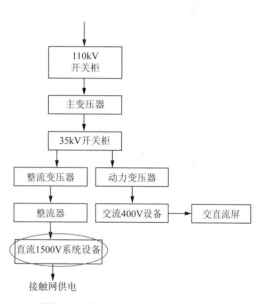

图 2-69 城市轨道交通供电系统示意图

2. 各开关柜用途

(1)整流器柜 RC1、RC2,将整流变低压侧的交流 1180V 整流成 24 脉波输出的直流 1500V 直流电。

(2)进线柜 201、202,将整流器输出的直流 1500V 电,引向直流母排。

(3)馈线柜用 211、212、213、214、219 表示,分别为上下行接触网供电以及制动能耗装置供电。

(4)负极柜是连接整流器负极与回流钢轨之间的开关设备,为牵引回路提供回流通路。

(5)轨电位 OV,在钢轨与大地之间装设一套轨电位限制装置,通过限制运行轨的电位,避免超出安全许可的接触电压对人身和设备造成的危害。

(6)上网隔离开关:将 1500V 电引向接触网,并设置越区联络功能,主要作用是在回路中形成明显的开断点。

(7)排流柜 DR:排流柜安装于牵引变电所内。排流柜的一端接负极柜内的直流负母排,另一端接隧道结构钢筋(或高架桥梁结构钢筋)、整体道床结构钢筋、牵引变电所地母排,使结构钢筋中的杂散电流单方向流回牵引变电所内的负极柜,防止杂散电流对结构钢筋的腐蚀。

(8)制动能耗装置:城市轨道交通列车在制动时将向接触网反馈电能,从而使接触网网压升高,而过高的网压会影响设备的正常运行甚至损坏设备绝缘,因此利用制动能耗装置将升高的网压通过电阻进行消耗,从而维持网压在设备运行允许的范围内,保证设备正常运行。

3. 直流 1500V 开关柜接线方式

直流 1500V 开关柜接线方式:单母线不分段制。

4. 运行方式

正常情况下,牵引变电所向接触网供电方式有两种:单边供电和双边供电。城市轨道交通接触网(或接触轨)在每个牵引变电所附近由电分段进行电气隔离,分成两个供电分区,每个供电分区也称为一个供电臂,若列车只从所在供电臂上的一个牵引变电所获得电能,这种供电方式称为单边供电;若一个供电臂同时从相邻两个牵引变电所获得电能,则称为双边供电。

车辆段、停车场内接触网一般由车辆段或停车场变电所单边供电。

正线接触网由相邻牵引变电所双边供电,当某一牵引变电所故障退出运行时,该段接触网就成为单边供电。如图 2-70 所示,正常运行时,列车从 B 牵引变电所和 C 牵引变电所以双边供电方式获得电能,越区隔离开关断开。

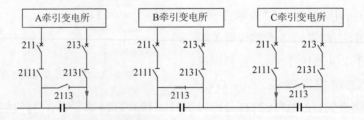

图 2-70 城市轨道交通供电系统运行方式示意图

当 B 牵引变电所因故障退出运行时,合上该所的越区隔离开关,通过越区隔离开关由 A 牵引变电所和 C 牵引变电所进行大双边供电。正线上任何牵引变电所故障退出运行时,一般由相邻牵引变电所越区供电。

在越区供电方式下,供电末端的接触网(或接触轨)电压较低,电能损耗较大,因此,视情况要适当减少同时处在该供电区段的列车数目。越区供电只是在不得已的情况下,短时采用的一种运行方式。

5. 各开关柜基本参数

（1）直流开关柜（进馈线、母排）：

①额定电压为直流 1500V；最低工作电压为直流 1000V。

②额定电流：主母排额定电流为 5000A。

③断路器额定电流为 4000A；断路器额定短路电流为 80 kA/31.5ms。

（2）整流器柜：

①额定输入电压：1180V。

②额定输出电压：1500V。

③额定输出电流：1500A。

（3）排流柜：

①系统额定电压：1500V。

②接地支路额定电流：400A。

③排流支路额定电流：200A。

④支路数配置：4＋1 路。

（4）制动能耗柜：

①额定电压：直流 1500V。电网电压波动范围：直流 1000～1800V。

②有效电流：480A。短时电流：3000A，23s。峰值电流：6000A。

（5）隔离开关：

①额定电压：直流 1500V。

②额定电流：3000/4000A。

二、直流 1500V 开关柜设备介绍

直流进馈线 1500V 开关柜框架采用绝缘安装，测量直流系统的电流，一般采用在电路上安装分流器来获取信号，如图 2-71 所示。

（一）直流馈线柜

直流馈线柜由固定的柜体和可移开部件成。柜体为优质冷轧钢板，经数控加工、折弯进行铆接而成，结构上分各种功能小室。功能小室通常分为直流断路器室、低压室、母线室、电缆室四个部分。其中

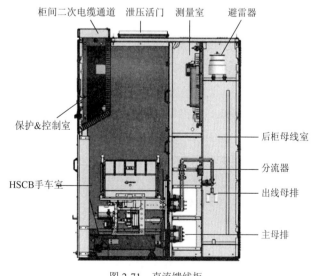

图 2-71　直流馈线柜

断路器手车手车室和低压室有独立的前门,门安装在开关柜柜体上。断路器手车有3个位置:工作位置、试验位置、隔离位置。

1. 断路器

断路器采用空气断路器,型号为UR40。断路器可分为电保持型和磁保持型,通常采用电保持型。断路器室包含断路器手车、机械闭锁机构、手车导轨和手车接地触点。断路器手车主要包括:固定绝缘框架、动静触头、脱扣装置、灭弧室、驱动装置以及辅助触点盒等部分。

通过一个专用的操作手柄,可以很容易地使可抽出式断路器手车在工作位置和试验位置变换,其位置可以通过断路器室门上的观察窗清楚看到,安装在断路器手车上的脉冲计数器装置(不可复位)能记录断路器的合闸次数(此项功能的记录数据可显示在显示单元模块上)。当可抽出式断路器手车位于试验位置时,断路器主触头会安全地将主母线与馈线电缆隔开。断路器室内自启动的活门作为断路器室和电缆室之间的保护,可以防止断路器动触头与固定触头在可抽出式断路器手车处于试验位置时相互接触。

当手车处于试验位置时,活门关闭并闭锁,以防止活门误操作而从柜前碰到断开的电缆室固定触头;如果活门被闭锁,则直流断路器手车触头不能插入。

当拔掉航空插头后,可抽出式断路器手车离开试验位置,手车不需要专用工具即可从柜体抽出并移开;此时断路器室是可进入的,母线室被完全隔离以确保人员安全接触;手车完全抽出后,活门关闭并闭锁(可额外加锁)。

当断路器处于分位状态且在试验位时,才可将手车拉出至柜体外部,否则断路器是不可以操作的。测量线路馈线电压的电压变送器装置安装在柜体的固定部分,便于手车抽出时能继续保持测量。

2. 母线室

母线室位于柜体后部,母线室包含有与手车上部动触头相接触的静触头和母排;凡需要有旁路隔离开关的项目,母线室也包含旁路母线和旁路隔离开关。

母线室与断路器室之间用绝缘隔板隔开,为了方便维护人员进入母线室维护,绝缘隔板都配有手柄。

测量线路馈线电压的电压变送器装置安装在柜体的固定部分,便于在手车抽出时能继续保持测量。

3. 低压室

低压室的控制设备通过一个单独的隔离门安装在柜体上部的低压室内;测量电路后面的绝缘板可保护操作人员,避免其接触到线路电压;低压室不包含任何潜在的主电路(无馈线电压/无负回流电压);主回路电压总是通过适当的额定电压变换器与二次回路隔离;低压室通过钢板与断路器室隔开;就地控制装置安装在低压室门板上。

4. 电缆室

电缆室位于柜体后部,它包含:主回路的电缆连接排、与可抽出式断路器手车下部触头相接触的固定触头和馈线电缆接地固定点。电缆室通过绝缘板与断路器室隔开。为了方便维护人员进入电缆室维护，绝缘隔板都装配有手柄。

线路测试系统用于馈线断路器。每个馈线柜中都有线路检测装置，在合闸前，对线路段进行测试，以防止断路器与其近端短路故障点连通，在开关柜主母线和接触线之间加电阻和接触器，通过测量馈电与回流网之间的电压以及回路电阻，确定是否可以合闸。如果测得的电压值低于预定值，则表明线路过载，不能合闸。

（二）直流进线柜

直流进线柜是指用于连接整流器正极母排与1500V正极母线间的开关设备；馈线柜则指用于连接1500V正极母线与接触网上网隔离开关/制动能耗装置之间的开关设备，都为金属铠装式结构，双面维护。各功能小室间经隔板隔离，且隔板具备足够的机械强度和防护等级，保障运行和维护的安全，进线柜装设手车式直流快速断路器，手车可方便地拉出和推入，开关柜上设置"运行"、"试验"、"隔离"三个明显位置和标志。

（三）直流1500V开关柜的操作

该套直流设备采用控制中心遥控（中央级）、变电所集中控制（变电所级）和设备本体控制（就地级）三级控制。供电系统运行调度指挥以控制中心为主。正常运行时，各级变电所运行不采用就地控制，只有在需要检修或设备故障时，根据需要对设备进行就地控制。

（1）直流1500V开关柜上的"远方/当地"控制开关处在"远方"位置，城市轨道交通运营控制中心通过电力监控系统对相应的断路器进行操作。

（2）直流1500V开关柜上的"远方/当地"控制开关处在"远方"位置，在变电所控制室内，通过控制屏对相应的断路器进行操作。

（3）直流1500V开关柜上的"远方/当地"控制开关处在"当地"位置，通过开关柜面的分合闸旋钮，对相应的断路器进行操作。

（4）直流1500V开关柜上的"远方/当地"控制开关处在"当地"位置，通过人机界面进行合闸。

（5）无论转换开关在何种位置，都可通过紧急分闸按钮，进行手动快速分闸。

三、断路器结构及原理介绍

（一）断路器简介

UR 40断路器是一种直流快速限流断路器，自然冷却。其在监测到回路短路的情况下，能自由脱扣，快速分断其一次回路，在整个分断过程中，通过产生一个持续的过电压来快速灭弧。由于该快速断路器具有监测过流、短路、过载等故障的瞬时响应特性，可专用于牵引变电所及工业用直流设备的保护，如图2-72所示。

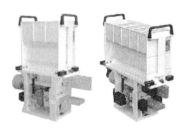

图2-72 UR断路器

(二)断路器结构

断路器结构如图 2-73 所示。

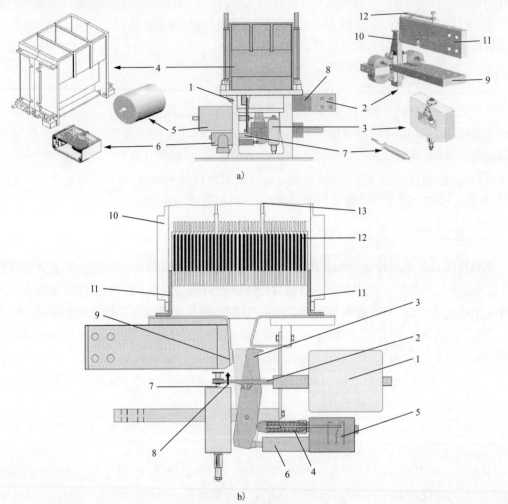

图 2-73 UR 断路器结构示意图

a):1-固定绝缘框架;2-一次回路;3-瞬时过流脱扣器;4-灭弧室;5-合闸装置和拨叉;6-推杆冷却器辅助接点盒;7-冷却器(仅 UR40);8-分流器;9-下部连接排;10-动触头;11-上部连接排;12-静触头

b):1-合闸装置;2-拨叉;3-动触头;4-推杆;5-辅助触头;6-止动器;7-过流释放杆;8-举起力;9-静触头;10-灭弧室;11-角板;12-灭弧栅;13-灭弧栅间隙

(三)功能

1.合闸

如图 2-73b) 所示,当接收到一个合闸脉冲,合闸装置 1 推动拨叉 2 使动触头 3 合上,并使动触头 3 压紧主触头 3、9。动触头 3 带动推杆 4 移动,并使辅助触头 5 变位。合闸时的震动力会被止动器 6 所吸收。

2. 保持

一旦主触头合上,动触头压紧触头的压力将由合闸装置 1 提供,即被减小的保持电流(电保持型)。

3. 分闸

断路器分闸可通过过流脱扣命令或常规分闸命令实现。

(1)通过过流脱扣命令实现分闸

某个电流超过了最大电流设定值,过流释放杆 7 产生一个向上的举起力 8 举起拨叉 2,从而释放动触头 3。

(2)通过常规分闸命令实现分闸

远方分闸命令切断合闸装置(电保持)的保持电流导致拨叉 2 缩回来。于是推杆 4 打开动触头 3,并使辅助触头 5 变位。产生在主触头间 3、9 的电弧通过角板 11 向上移动至灭弧室 10 内,并被灭弧栅 12 分割,电离气体在灭弧间隙 13 间被中和。

(四)1500V 断路器主要特点

1500V 断路器的主要特点如下:
(1)对地及主触头间均具有很高的绝缘性能。
(2)具有高分断能力。
(3)具有超长使用寿命。
(4)维护简单化。
(5)外形尺寸小。

(五)直流手车的操作

1. 摇进直流手车步骤

手车摇进示意图如图 2-74 所示。
(1)检查所有的电源回路是关断的。
(2)检查断路器,准备正确地操作。
(3)检查联锁机构①在解锁位置。
(4)推动手车进入柜体直至停止位置②。
(5)通过两边的闭锁位③锁定闭锁机构。
(6)插上断路器航空插头④。
(7)关闭并锁上断路器柜门。
(8)按住并保持手动分闸按钮⑤a,将手柄插入操作孔⑤b。
(9)逆时针旋转手柄直到停止⑥(无强加压力)。
(10)通过控制窗⑦检查手车的正确位置(工作位)。
(11)从操作孔中⑧拿走手柄。

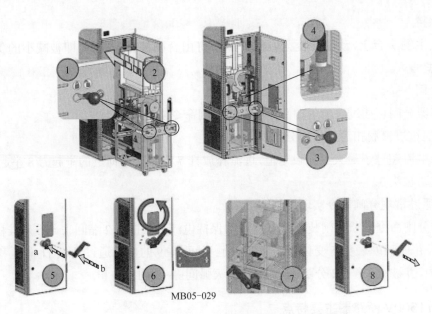

图 2-74 手车摇进示意图

2. 摇出手车步骤

手车摇出示意图如图 2-75 所示。

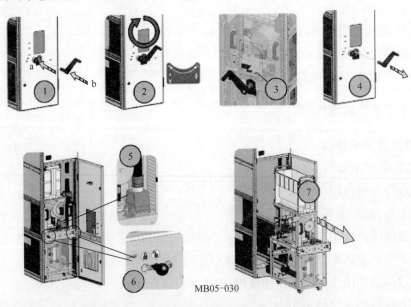

图 2-75 手车摇出示意图

(1) 在摇出直流快速限流断路器手车前,依据操作规程分闸断路器。

(2) 按下并保持手动分闸按钮①a,将手柄插入操作孔①b。

(3) 顺时针旋转手柄②直到停止(无强加压力)。

(4) 通过控制窗③检查手车的正确位置(试验位)。

(5)从操作孔中④拿走手柄。

(6)此时手车位于试验位置,并且柜门能打开。

(7)打开门锁开门。

(8)拔下断路器航空插头。

(9)通过两边的解锁位⑥,打开闭锁机构。

(10)将手车拉出柜外部。

注意: 断路器处于分闸位置时,断路器手车才能抽出或插入;手车在工作、试验位置时,断路器可以进行分、合闸;断路器手车在工作位置时,二次插头不能拔出;在二次插头未拔出前,断路器手车不能从开关柜中拉出。

四、直流1500V开关柜逻辑与图纸读图方法

(一)直流进线断路器合闸逻辑

直流进线断路器合闸逻辑如图2-76所示。

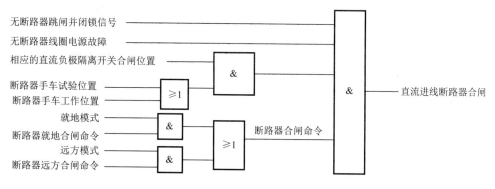

图2-76 直流进线断路器合闸逻辑

(二)直流1500V开关柜图纸读图方法

1. 图纸编号原则

所有正式图纸和文档都需有唯一的图号和版本号。文件的图号命名采用DS加6位数字表示,版本号采用大写字母加2位数字的表示方法。命名规则如下。

(1)图纸编号

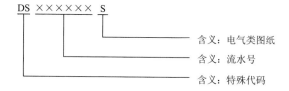

(2)版本号

任一文件的初始版本号均为 A00，若有更改，文件再次发放时，版本号相应升级。若只是很小的改动，版本号可在后面的数字上改动，如 A01、A02 等；若有大改动，则需更改前面的字母，如 B00、C00 等。

2. 开关柜的类型

开关柜按其功能分类，主要有 7 种柜型。

(1)进线柜，代号为 INCOMING。

(2)馈线柜，代号为 FEEDER。

(3)备用柜，代号为 FEEDER-SP。

(4)负极柜，代号为 NEGEATIVE。

(5)端子柜，代号为 INTERFACE。

(6)钢轨电位限制装置，代号为 NPMPD。

(7)静调电源柜，代号为 SAPD。

3. 常用元器件图例符号

(1)线型

①细实线：表示二次元器件之间的连接线及元器件的内部接线。

②细点线框：表示同一元器件内。

③粗实线：表示一次回路电气元器件及连接线。

④粗点画线框：表示非本柜内的元器件。

(2)标注

①图纸上方标注栏的文字，用来说明其垂直区域内回路的功能。

②图纸中不同页间的连接方式如下：

X/YY/ZZ >—— 第 X 页第 YY 列标垂直区域流水号为 ZZ。

X/YY/ZZ ——> 至第 X 页第 YY 列标垂直区域流水号为 ZZ。

(3)常用元器件图例符号见表 2-11。

常用元器件图例符号　　　　　　　表 2-11

元器件	图例符号	元器件	图例符号
普通按钮		带灯按钮	
状态指示灯		断路器、隔离开关分合闸指示灯	
蜂鸣器		计数器	
微型空气开关		电流继电器	

元器件	图例符号	元器件	图例符号
电压继电器	U> U>>	直流接触器开关	
加热电阻		分流器	
整流桥		行程开关	

4. 直流馈线柜断路器控制原理

直流馈线断路器控制原理如图 2-77 所示。断路器控制的核心部件是保护装置，断路器采用电保持操作机构，分合闸共用一个回路。

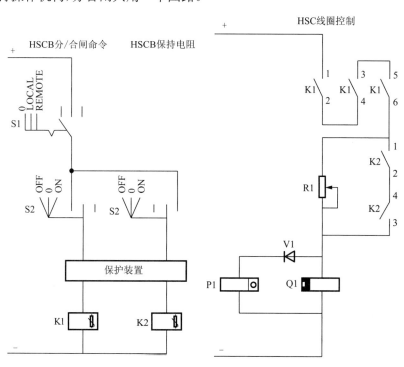

图 2-77 直流馈线断路器控制原理图

图 2-77 中的符号与说明见表 2-12。

馈线断路器图纸符号与说明　　　　　表 2-12

K1	插入式继电器	R1	保持电阻
K2	插入式继电器	S1	就地远方转换开关
P1	计数器	S2	分合闸旋钮
Q1	接触器线圈		

（1）断路器合闸过程

断路器合闸过程如图 2-78 所示。

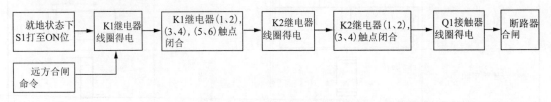

图 2-78 断路器合闸原理图

断路器合闸成功后，K2 继电器失电,合闸回路通过 R1 保持电阻,使接触器线圈持续得电,断路器保持合位。

（2）断路器分闸过程

断路器分闸过程如图 2-79 所示。

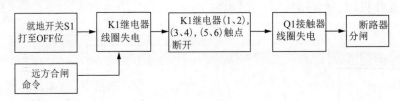

图 2-79 断路器分闸原理图

五、直流 1500V 常见保护配置

（一）大电流脱扣保护

大电流脱扣保护,是高速直流断路器自带的一种保护类型,由开关柜生产厂家提供。它采用了电磁脱扣原理,主要用于快速切除近端金属性短路故障(此时故障电流非常大,一般超过 10000A)。直流 1500V 采用的直流断路器,在其内部设有一个跳闸装置（由一个钢片层压的固定引铁和一个可移动引铁组成),可移动引铁与一弹簧微调螺钉相连接,用于调节跳闸动作值,另外还有一个动铁芯用于触发跳闸。在过流（短路或过载）的情况下,主回路中的绕组在固定引铁内产生一个磁场,动铁芯受这个磁场的作用,通过一个杠杆推动棘爪,从而释放动触头,使断路器跳闸。跳闸动作值可以通过改变磁路的位置,也就是空气气隙的大小而改变。

电流脱扣保护可以通过调节螺栓,整定动作电流的值。整定刻度标示在整定装置的顶上,调节螺栓用一个 M6 螺栓锁定。

（二）逆流保护

在直流牵引供电系统中,整流机组把交流电经降压整流后转换成所需的直流电,经过直流进线断路器后送到直流母排上。正常运行时,电流只能从整流机组经过直流进线断路器流向直流母排,不会从直流母排反向流向整流机组,这点和交流供电机制不同。直流进线断路器的逆流保护,是为了防止故障发生时电流反向流动而设置的一种保护。

(三)直流馈线柜保护及功能

1. DDL 保护

DDL 保护,又称短延时电流增量(ΔI)保护和长延时电流上升率(di/dt)保护,该保护作为馈线保护的主保护,既能切除近端短路电流,也能切除大电流脱扣保护不能切除的故障电流较小的远端短路故障。DDL 保护分为 DDL+ΔI 与 DDL+ΔT 保护。DDL 保护克服了单独 di/dt 保护受干扰而误动,以及 ΔI 保护存在拒动现象的缺点。

通过电流的上升率来判别是故障电流,还是正常运行时的电流。当电流上升率高于整定值时,di/dt 保护启动,进入延时阶段。若电流上升率在延时阶段一直高于保护整定值,则保护动作,否则保护返回。与此同时,ΔI 保护也进入保护延时,继电器将从 ΔI 保护启动时的电流作为基准电流,在此基础上来计算相对电流增量,若在 ΔI 保护延时阶段,电流增量超出 ΔI 保护预设值,则保护动作。两种保护虽然作为不同距离的非金属性短路故障的主保护,其中 di/dt 为中远距离,ΔI 为中近距离,但它们都是用同一个预设值作为其启动条件的,且是相互配合来实现保护功能的。

设备运行时,保护不断监测馈线电流 I 及电流变化率 di/dt。当电流变化率 di/dt 高于设定值 E,保护启动($di/dt>E$);如果电流变化率 di/dt 低于 F(返回值)且未有跳闸出口,则 DDL 保护停止。DDL+ΔI 跳闸特性曲线如图 2-80 所示。

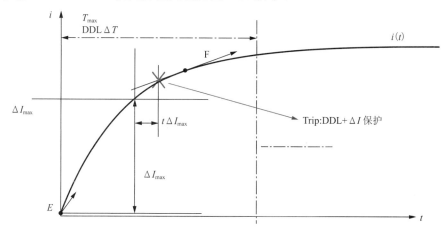

图 2-80 DDL+ΔI 跳闸特性曲线

如果测量到电流增量 ΔI 高于参数设定值(ΔI_{max})的时间大于或等于时间参数 $t\Delta I_{max}$,DDL+ΔI 保护动作,同时跳闸信号启动。若在保护出口动作前检测到电流变化率 di/dt 低于设定值 F,整个保护复归,相关参数清零。

DDL+ΔT 保护,如图 2-81 所示。

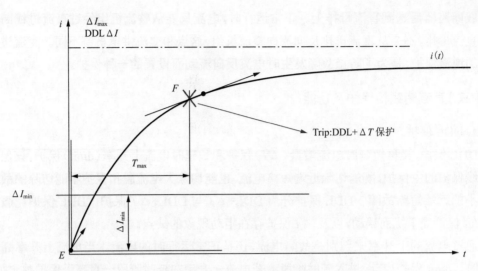

图 2-81　DDL+Delta T 跳闸特性曲线

如果 ΔT 的测量值高于参数 T_{max}，同时 ΔI 的测量值高于参数 ΔI_{min}，DDL $+\Delta T$ 保护动作同时跳闸信号启动。若在保护出口动作前检测到电流变化率 di/dt 低于 F，整个保护复归，相关参数清零。DDL $+\Delta I$ 保护与 DDL $+\Delta T$ 保护的启动值与返回值为同一设置。

2. 电流速断 $I_{max}++$

断路器本体大电流脱扣的后备保护，电流设定值一般小于断路器本体的定值，主要通过分析馈线电流识别故障。

电流速断保护参数设置见表 2-13。

电流速断保护参数设置　　　　　　　表 2-13

名称	设定范围	单位	保护设置说明
$I_{max}+$	1～线路电流值	A	电流过负荷设定值
$T+$	1～65535	ms	电流过负荷设定时间
$I_{max}++$	1～线路电流值	A	电流速断设定值
$T++$	1～65535	ms	电流速断设定时间

保护装置不断监测当前正向电流最大值 $I_{max}++$。如电流大于设定值并超过设定时间 $T++$，跳闸启动与相应输出激活；如电流小于设定值则保护返回。

如图 2-82 所示，在保护控制单元预先整定电流 $I_{max}++$ 值和时间 $tI_{max}++$ 值。当通过直流馈线短路的电流值在预先设定的时间 $tI_{max}++$ 内超过 $I_{max}++$ 值时，电流速断保护装置动作，使直流馈线断路器跳闸来清除故障。显然，$I_{max}++$ 值应小于大电流脱扣保护装置动作值。对于 $I_{max}++$ 值的设定，可分别设定正反方向的 $I_{max}++$。当机车处于再生状态或当地牵引变电所整流机组退出运行，变电所内直流馈线被用于直流越区供电回路时，如果线路发生故障，会有反向电流通过直流馈线断路器，反向过流保护用于检测并清除该故障。

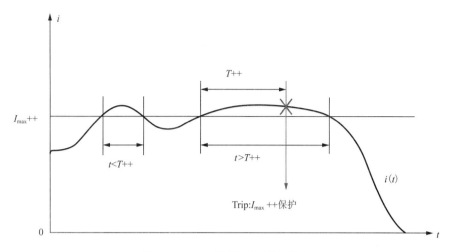

图 2-82 $I_{max}++$ 跳闸特性曲线（正向）

3. 过电流 $I_{max}+$

此保护的保护原理同电流速断 $I_{max}++$，区别在于整定电流 $I_{max}+$ 值和时间 $tI_{max}+$ 值不同。

4. 接触网过负荷保护

若设备长期处在过负荷运行的情况下，会导致直流馈出电缆，特别是架空接触网发热甚至瘫痪，发生此类故障时应切除过载运行的线路，待恢复冷却后再投入运行。其工作原理是保护单元连续测量馈线电流。同时，根据接触网的电阻率、电阻率修正系数、长度、横截面积、电流，计算接触网的发热量，再根据接触网和空气的比热等热负荷特性及通风量等环境条件，计算接触网的温度。如果该温度超过设定值，保护单元发出跳闸信号分开馈线断路器，待一段时间冷却后，断路器才能重新合闸。不过这种算法比较复杂，在实际应用中一般采用反时限过负荷保护的方式，即电流过载倍数越大，允许持续的时间越短。

5. 低电压保护

低电压保护用于机车的正常工作电压保护。低电压保护作为后备保护应与其他保护相互配合，而且一般不作为单独的保护来跳闸断路器。它的整定值 $U_{L_{min}}$ 和延时 $T_{UL_{min}}$ 必须配合列车正常运行时的情况，并考虑最大负荷下列车的启动时间、启动电流，以及在同一供电区内多列车连续启动的情况。低电压保护参数设置见表 2-14。

低电压保护参数设置　　　　　　　　　　　　　　　表 2-14

名称	设定范围	单位	保护设置说明
$U_{L_{min}}$	1～线路电压值	V	电流过负荷设定值
$T_{UL_{min}}$	0～65535	ms	电流过负荷设定时间

保护装置不断检测馈线电压，在发生短路的情况下，电压值会大幅降低，如过馈线电压低于 $U_{L_{min}}$ 且延时时间大于或等于 $T_{UL_{min}}$，则低电压保护出口，发出动作信号。

6. 双边联跳保护功能

所谓双边联跳保护，其实是一种设备出现故障后断路器跳闸的方式，类似于变压器本体发生短路故障后,跳开变压器高、低压侧断路器。该保护针对采用双边供电的供电系统,具有较为广泛的运用。在不考虑线路末端单边供电的情况下,在一个区内的接触网每一电分段都由两个变电所对其供电,若其中某个牵引降压混合变电所的馈线断路器跳闸,与此同时会发出联跳信号,使给同一段接触网供电的直流馈线断路器联跳。

直流双边联跳保护,其功能是通过联跳电缆及两侧直流开关柜中配置的联跳继电器来实现的。双边联跳可通过开关或显示单元投退。当本变电所一台断路器跳闸时,必须使相邻变电所内向同一区间供电的断路器同时跳闸。其功能可通过联跳电缆及两侧直流开关柜中的联跳继电器来实现,每条馈线 SEPCOS 数字式保护监控单元的联跳接收与发送,采用独立的回路。

其具体实现过程为:首先,由一个变电所的一台馈线柜内的 SEPCOS 型计算机综合测控与保护装置联跳发送回路发出联跳信号;其次,经联跳发送继电器及相邻变电所间的联跳电缆,将此联跳信号发送到相邻变电所的向同一区间供电的馈线柜内;最后,经该柜内联跳继电器进入 SEPCOS 型计算机综合测控与保护装置,使其实现联跳断路器动作。

双边联跳保护原理如下:

当接触网发生故障时,由于采用双边供电方式,总是可以看成一侧为近距离故障,另一侧为远距离故障,应该是近故障点的变电所先跳闸。如图 2-83 所示,A 站的 211 断路器和 B 站的 213 断路器向同一供电区的接触网供电,当靠近 A 站的 C 点接触网发生短路故障时,由于故障电流值不一样（A 站故障电流大于 B 站故障电流）,由短路故障电流较大的 A 站发出跳闸命令,跳开本站 211 断路器,同时发出联跳命令,向 B 站发出联跳信号,B 站收到联跳信号后,跳开本所的 213 断路器,确保故障供电区内接触网无电。由于采用了双边联跳保护,只要两个变电所中有一个能检测出故障电流并正确跳闸,另一个也会被联跳,因而提高了保护的可靠性。

7. 线路测试功能

SEPCOS 保护装置在断路器合闸前进行线路测试,主要监测母线电压 U_r,馈线电压 U_f。防止断路器合到故障线路上,进行对馈出回路电阻的测试。线路测试原理如图 2-84 所示。

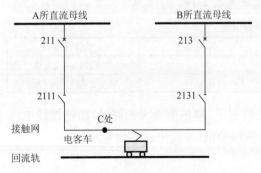

图 2-83 双边联跳保护原理图

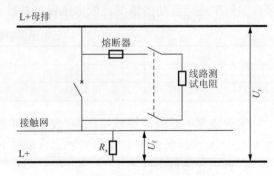

图 2-84 双边联跳保护原理图

当接触网上有短时脉冲整流电压(通过一个电阻,限制它的当前值)时,线路测试的接触器短时闭合,以测试线路的总电阻 R_x。

$$R_x = 馈出回路 + 接触网 + 回流轨$$

线路测试电阻 R 的阻值已知,可以测量得到母线电压 U_r 和馈线电压 U_f 的数值。利用分压原理,从而计算出 R_x 的阻值。

仅当 R_x 值大于调整后的某一设定值(一般为 2.5 Ω 左右)时,直流断路器才允许合闸。

紧急情况下,若最终用户确认馈出线路侧无短路故障,断路器不通过线路测试也可合闸,但只限于本地操作,通过输入一个旁路线路测试合闸命令进行合闸。

8. 防跳功能

防止断路器持续地合到故障回路上。防跳功能参数设定见表2-15。

防跳功能参数设定 表2-15

名称	设定范围	单位	保护设置说明
n	1～5	次	防跳次数
t	3～30	s	防跳时间

9. 自动重合闸功能

牵引供电系统故障可分为以下两种类型。

(1)瞬时性故障:在接触网线路被继电保护迅速断开后,电弧即行熄灭,故障点的绝缘强度重新恢复,此时,如果把断开的线路断路器再合上,就能恢复正常供电,因此称这类故障为"瞬时性故障"。常见的瞬时性故障有:列车逆变器换向故障、雷击过电压引起绝缘子表面闪络或角隙避雷器放电、大风时的短时碰线等。

(2)永久性故障:在线路被断开以后,故障仍然存在,这时即使再合上电源,由于故障仍然存在,线路还要被继电保护再次断开,因而就不能恢复正常的供电。此类故障称为"永久性故障"。

在直流馈线断路器柜中设置了自动重合闸功能,通过线路测试回路,计算线路残余电阻来判别故障性质,决定是否进行自动重合闸。正常操作断路器合闸时,能对线路进行多次测试,线路正常允许合闸,如线路存在持续性故障,闭锁合闸。当接触网发生故障时,断路器分闸,起动线路测试,并根据测试结果判别故障性质。如故障是瞬时性的,自动重合闸将使断路器重新合闸;如故障是永久性的,直流断路器不进行重合闸。框架保护不启动线路测试和重合闸。

六、负极柜结构及原理

(一)负极柜结构

负极柜柜体采用敷铝锌板折弯而成的高强度型材组装而成,采用模块化设计,其不但结构强度高,而且抗腐蚀性强,不需要采取防锈处理。

如图 2-85 所示为负极柜实物图。柜体分高压室和低压室两部分,前上方为低压控制小室,门上有负极柜一次模拟图及显示操作元件,柜下方内部为手动隔离开关室,二室之间有钢板屏蔽隔离,有效地抑制了对二次设备造成的电磁干扰。开关柜前部设可锁住的金属门,金属门在采取了防锈和磷化处理后,会进行静电粉末喷涂,抗腐蚀性强。在开关柜底部配有敷铝锌板封板和电缆连接装置。

负极柜采用手动隔离开关,选用 SW 系列直流隔离开关,其工作可靠。负极柜中手动隔离开关与对应的直流 1500V 进线柜中的断路器和 35kV 断路器之间的闭锁通过电磁锁方式实现。

负极柜正面布置图如图 2-86 所示,负极柜内部结构图如图 2-87 所示,负极柜内部二次元件图如图 2-88 所示。

图 2-85　负极柜实物图

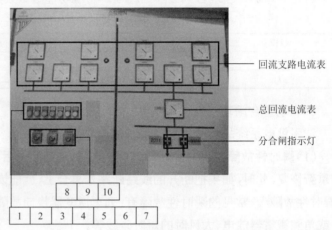

图 2-86　负极柜正面布置图

1- 负/地保护报警;2- 负/地保护跳闸;3-FP-1 框架保护跳闸;4-FP-2 框架保护跳闸;5- 故障总信号(复位);6-DS2011 操作允许;7-DS2021 操作允许;8- 负/地报警模式;9- 负/地跳闸模式;10- 加热器控制模式

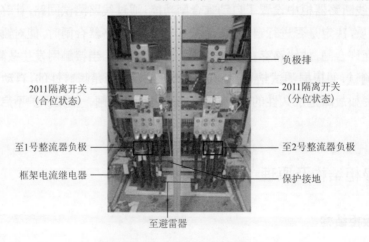

图 2-87　负极柜内部结构图

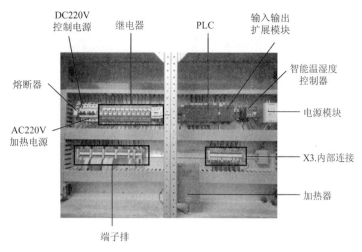

图 2-88 负极柜内部二次元件图

（二）负极柜框架保护原理

框架保护适用于直流设备的正极对机柜外壳（与大地相连），或接触网对架空地线短路时的情况。框架保护包括电压型框架保护（测量负极对地电压，又分为报警和跳闸）和电流型框架保护（测量框架对地电流，又分为进出线框架保护和整流器负极柜框架保护）。框架保护动作后，必须在负极柜上才能进行复位。

通常，电流检测元件作为框架保护的主保护，电压检测元件作为框架保护的后备保护。

为了防止直流牵引供电设备内部绝缘降低时造成人身危险，每个牵引降压变电所内设置了一套直流系统框架泄漏保护装置。该保护包含反映直流泄漏电流的过电流保护和反映接触电压的过电压保护，而过电压保护还与车站的钢轨电位限制装置相配合，作为钢轨电位限制装置的后备保护。框架泄漏保护由一个电流元件和一个电压元件组成，电压元件可当地投入/切除，并可分别整定为报警和跳闸两段。框架电压保护动作跳闸后，联跳本站所有直流断路器及两台整流变馈线断路器，并闭锁合闸，只有当故障消失，当地复归框架保护后，断路器才能合闸。

框架电流保护动作后，跳闸范围除了联跳本站所有直流断路器及两台整流变馈线断路器外，还会联跳该站相邻牵引变电所向同一供电区供电的4台直流馈线断路器。框架电流保护动作后，该变电所供电的4个供电区内接触网都停电，虽然能保证人身及设备的安全，但是将中断列车的正常运行，影响范围很大。近年来，直流系统框架电流保护设置也出现了一些新的趋势，如将框架电流保护分为进线馈线框架电流保护与负极整流器框架电流保护，故障点不同，跳闸范围也不同，使保护的可靠性进一步提高，这里不再细致讲解。

（三）控制功能及联锁功能

保护、报警信号的远方/当地复归功能。

负极柜中手动隔离开关采用电磁锁方式,实现与本整流机组的1500V直流进线断路器和对应35kV整流变馈线断路器之间的闭锁。只有当本整流机组的1500V直流进线断路器和35kV断路器处于分闸位置时,负极柜手动隔离开关才能操作;只有当负极手动隔离开关处于合位时,1500V进线断路器才能合闸。

七、钢轨电位结构及原理介绍

钢轨电位限制装置基本原理如图2-89所示。

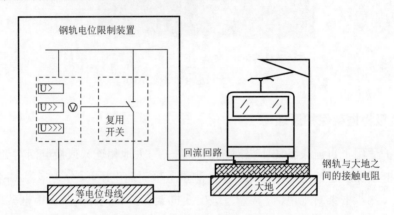

图2-89 钢轨电位限制装置工作原理

(一)钢轨电位限制装置原理

在直流牵引系统中,由于操作电流和短路电流的存在,可能会引起回流回路和大地间产生超过安全许可的接触电压。在此情况下,就需要在回流回路与大地之间装设一套钢轨电位限制装置,以限制运行轨电位,避免出现超出安全许可的接触电压。当超出安全许可的接触电压时,钢轨电位限制装置将钢轨与大地快速短接,从而保证人员和设施的安全,如图2-90所示。

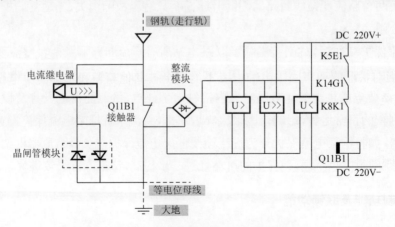

图2-90 钢轨电位限制装置基本回路原理

（二）钢轨电位限制装置的组成

钢轨电位限制装置主要包含下列元件：
(1) 复用开关,由晶闸管元件和直流接触器组成。
(2) 电压测量元件。
(3) PLC 逻辑控制模块。

（三）钢轨电位限制装置工作原理

(1) 在正常情况下,直流接触器的触头是断开的,同时晶闸管处于截止状态。钢轨与大地之间的电压由电压表检测并显示,而由电压测量元件 U>、U>>、U< 和晶闸管模块,来判断电压并执行相应动作。

(2) 当走行钢轨与大地间的电压值小于 U> 的设定值,在这种情况下,直流接触器是开断的,即主触头断开;当测得的电压值大于或等于电压测量元件 U> 的阈值（90V）,经过一段设定的延时（0.8s）后,该装置将回流回路有效短接,动作的延时确保在短期的允许电压最大值下,不会发生不必要的短路。如果当时的电压值小于 U> 的阈值,则钢轨电位限制装置经过一段可调整的延时（10s）后,再进入正常状态。如果电压值又大于 U>,则钢轨电位限制装置再次发生短路。当两次动作时间不超过 60s 时,累计计数,当计数达到 3 次时,短路装置即会闭锁。当闭锁时,需按复位按钮将其复归。当测得的电压值大于或等于 U>> 的阈值（150V）,钢轨与大地被无延时短接,短路装置即会闭锁,需按复位按钮,将其手动复归。如果电压超过 U>>> 的阈值,即当电压大于 600V 时,则晶闸管元件立即导通,以抵消直流接触器的机械延时,同时直流接触器被激活,而闭锁状态继续保持。闭锁状态需按复位按钮将其手动复归。若电压小于 U< 的定值,经过一段时间延时（60h）后,系统报故障同时闭锁输出,需按复位按钮将其手动复归。

八、制动能耗装置原理

（一）制动能耗装置作用

当处于制动状况的列车回馈出的电流不能完全被其他车辆和本车的用电设备所吸收时,能量消耗装置立即投入工作,吸收掉多余的回馈电能,从而维持网压在设备运行允许的范围内,保证设备正常运行。

（二）制动能耗装置控制原理

系统控制计算机对牵引变电所直流母线电流和电压信号进行实时采样和综合判断。当在线车辆处于再生制动状况,且没有其他设备吸收其能量时,系统将直流检测电压与预先设定的基准电压进行比较,只要直流侧检测电压大于判断基准电压,系统投入工作状态,开通斩波器；根据牵引网再生反馈电流值，自动调节斩波器的占空比，改变各回路电阻等效阻值，实现吸收功率平衡，稳定网压。系统引入交流电压进行相对判断，即在设定基准电压的基础上考虑交流电压的波动，使实际动作电压随交流电网的向上波动而自动上升。当车辆由再生电制动转为其他工况运行时，自动关断各回路斩波器，使吸收设备处于待命状态。

如图 2-91 所示，当 QF 合闸后，KM2 吸合，预充回路启动；当设备装置电压上升到预充给定值（1400V 左右），KM1 吸合，KM2 分闸，系统正常指示灯亮起，设备进入吸收待命状态，合闸操作完成。

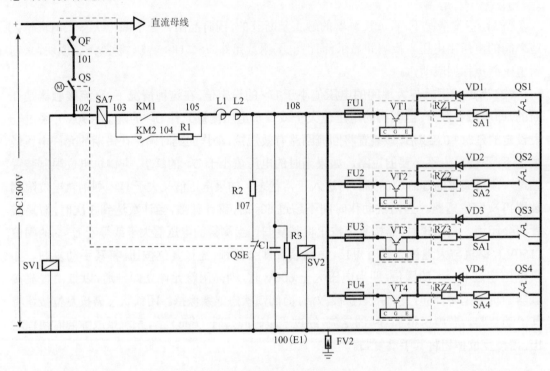

图 2-91　能耗制动装置原理图

（1）制动能耗装置由正极隔离开关柜、斩波柜和电阻柜组成，如图 2-92 所示、图 2-93 所示。

图 2-92　正极隔离开关柜和斩波柜

图 2-93　电阻柜

（2）正极隔离开关柜的功能主要有：执行制动能量消耗装置与电网接通或分离，电网滤波，系统故障保护。开关柜内装有隔离开关 QS、线路接触器 KM1、充放电电阻 RC、电压传感器 SV1、预充电电磁接触器 KM2、电压表 PV、避雷器。

（3）斩波控制柜主要实现制动能量消耗装置自动转换及检测等功能。由 6 个（4 个）独立的绝缘栅双极型晶体管（IGBT，Insulated Gate Bipolar Transistor）斩波支路及计算机控制装置等组成，每一支路 IGBT 斩波器控制其开通或关断、差相工作。在每个斩波支路设置手动隔离开关。每个 IGBT 斩波器支路均装有快速熔断器和温度传感器，对 IGBT 元件实行快速保护及温度功率控制。

（4）电阻柜由电阻单元、绝缘子、连接母排等组成。电阻单元系用 Cr20Ni35 高电阻合金带绕制成，每个电阻柜内安装 12 个电子单元，构成 2 个支路。

（三）制动能耗装置控制系统

制动能耗装置控制系统由上位机和下位机组成。上位机为系统管理及监控，接受变电所综合自动化系统的各项指令，执行设备的投入、撤除、试验等操作，自动记录各种牵引、制动电压、电流及吸收电流曲线等；通过通信接口与变电所自动化系统进行数据交换，对能量吸收装置进行实行监控；通过触摸液晶显示屏，完成参数的设置、运行状态监视、故障判断及处理、数据记忆等功能。下位机系统是整个再生制动能量吸收装置的核心，主要执行逻辑操作、工况判断、斩波器投入和调节等。

（四）制动能耗装置保护配置

制动能耗装置保护配置情况包括：熔断器保护、IGBT 温度保护、IGBT 过流保护、多支路退出、电阻柜温度保护、失压保护、过压保护、过流保护、短路保护。保护动作后均联跳对应的直流馈线断路器。

（1）熔断器保护：当发生直流过流或二极管击穿时，快速熔断器击穿，对应微动开关变位，一个支路熔断器断开报警，两个以上支路熔断器断开跳闸。

（2）IGBT 温度保护：当 IGBT 温度超过某一设定值时，保护动作跳闸。

（3）IGBT 过流保护：当 IGBT 电流达到某一定值，超过一定的设定时间，保护动作跳闸。

（4）多支路退出：两个及以上支路退出运行。

（5）电阻柜温度保护：设置三段温度保护，当电阻柜温度到达设置值时，保护动作发出告警信号或作用于断路器跳闸；一段定值为 170°，二段定值为 200°，保护动作告警；三段定值为 250°，保护动作跳闸。

（6）失压保护：当直流网压低于某一整定值时，保护动作跳闸。

（7）过压保护：当直流网压高于某一整定值时，保护动作跳闸。

（8）过流保护：当干路吸收电流达到整定值（通常设置为 4500A），保护动作跳闸。

（9）短路保护：其分为短路前保护和短路后保护。短路前保护即在装置送电、网压达到正常值,但装置电压未到达设定值（100V）时,延时一定时间（3s）,保护装置默认为预充不通过,存在短路故障,此时保护动作跳闸；短路后保护,即装置正常运行、下位机未发出脉冲信号,IGBT已经打开工作,当吸收电流超过整定值时（100A）,延时一定时间（3s）,保护动作跳闸。

第八节　交流400V系统

交流400V系统将变电所交流35kV电压经过降压变压器降为交流400V,通过各种开关给车站、车厂及控制中心一、二、三类负荷供电,如图2-94所示。

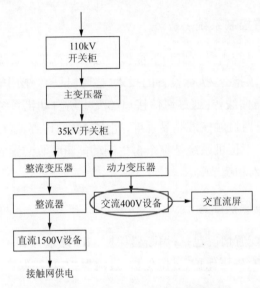

图2-94　城市轨道交通供电系统示意图

图2-95　低压动力照明系统示意图

一、400V低压开关柜设备简介

（一）典型变电所交流400V设备

典型变电所交流400V设备包括2台进线开关柜,用801、802表示,2台三级负荷开关柜,用901、902（1、2号变供电）表示,1台母联开关柜,用803（1、2号变联络用）表示。其基本布局如图2-95所示。

（二）各开关柜用途

（1）进线开关柜801、802,为两段400V母线提供两路电源。

(2) 三级负荷开关柜 901、902 为三级负荷电源回路供电。

(3) 400V 低压开关柜采用单母线分段接线。正常情况下，两路 400V 母线分列运行，母联开关分闸。当 400V 一路进线失电时，母联开关合闸，由另一路进行担负本段负荷用电，如图 2-96 所示。

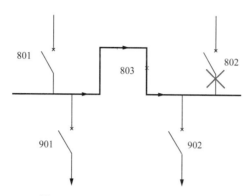

图 2-96　400V 非正常情况下的运行方式

(4) 馈线抽屉开关柜主要为所有一、二、三类负荷电源进行供电，一类负荷，如消防电源、通信、站厅照明、电梯等；二类负荷，如站厅二级小动力等；三类负荷，如广告照明、区间照明等。一类负荷的供电要求：平时由两路互为备用的独立电源供电，保证不间断供电。

(5) 各开关柜配置情况，如图 2-97、图 2-98 所示。

图 2-97　框架开关

图 2-98　抽屉塑壳开关

① 进线、母联、三级负荷采用 3WL 系列框架断路器。

② 抽屉开关采用 3VL 塑壳断路器，分单相和三相两种开关。

③ 框架开关具有工作位、试验位、隔离位三个位置。框架式低压断路器的结构特点是所有的部件都装在框架内，导电部分加装绝缘。它能实现各种不正常运行（短路、过载、欠压等）时的保护。这类低压断路器采用弹簧储能，有多种操作方式，如手动、电动和远动操作等；有数量较多的辅助触点，以满足低压断路器本身、继电器及信号指示的需要。框架式低压断路器广泛用于工矿企业和变配电站，实现接通和断开正常工作电流，以及不频繁的电路转换。

④ 抽屉塑壳开关具有工作位、试验位、隔离位、允许抽入抽出位。只有在工作位或试

验位时,才可以对开关进行分合闸操作。塑料外壳式空气断路器,常用于交流 50 Hz（或 60Hz）、500V 及以下的供配电线路中,或用于直流 220V 及以下的线路中。断路器的触头、灭弧系统、脱扣器及操动机构都安装在一个封闭的塑料外壳内,只有引出的进、出线导板和操作手柄露在壳外。抽屉开关无须储能,只能手动分、合闸及复位,不能进行电气和遥控操作。

（三）开关柜保护配置

（1）进线开关保护配置:过电流保护、速断电流保护、过负荷保护、接地保护、低压保护、过电压保护（速断保护未投用）。

（2）三级负荷开关保护配置:过电流保护、速断电流保护、过负荷保护、低压保护（速断保护未投用）。

（3）母联开关保护配置:过电流保护、速断电流保护、过负荷保护（速断保护未投用）。

（4）抽屉开关保护配置:速断电流保护、过负荷保护。

（四）400V 低压开关柜相关情况

（1）低压 400V 系统采用三相五线制接线。400V 母排及开关柜年检维护作业的周期是一年。400V 母排测量绝缘前后,必须将被测母排对地放电。

（2）400V 母联断路器备自投功能:当母联转换开关在远方/就地自投自复位（母联转换开关具有远方/就地自投自复位和就地手投手复位）时,母联备自投功能自动投入,400V 两段母线分列运行,两路进线断路器合闸运行,母联断路器分闸运行。当一路进线电源失电时,该路进线断路器失压分闸,三级负荷断路器分闸,母联断路器延时自投,由另一路进线断路器担负该段全部的一、二类负荷;当该路进线电源恢复正常时,母联断路器分闸,该路进线及三级负荷断路器自复合闸。故障跳闸或人为分闸,母联断路器自动退出备自投功能（当母联转换开关在就地复位时,一段进线电源失电或者恢复,进线及三级负荷总断路器不会自投自复,需要当地电气或者机械合分闸）。

二、低压断路器简介

交流空气开关一般是指低压断路器,是一种既可以接通、分断电路,又能对负荷电路进行自动保护的电器。它主要是靠空气灭弧。当负荷电路发生短路、过载、欠压等故障时,能自动切断电路。它可以手动直接操作和电动操作,也可以远方遥控操作。

（一）低压断路器的组成

框架断路器是一种常用的低压断路器,本节主要以框架断路器（图 2-99）为例进行说明。

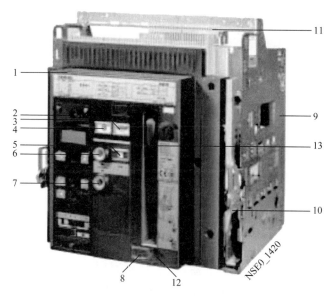

图 2-99 框架断路器结构

1-抽出式断路器；2-显示与复位按钮；3-储能弹簧指示器；4-触点位置指示器；5-合闸准备就绪指示器；6-机械合闸按钮；7-机械分闸按钮；8-开关位置指示器；9-导向框架；10-导轨；11-辅助回路插入系统；12-曲柄操作孔；13-操作手柄

低压断路器的类型虽然很多，但基本结构和工作原理是相同的，主要由下述四部分组成。

1. 触点系统

触点系统是低压断路器的执行元件。在接通或分断电路运行时，它必须满足以下基本要求。

（1）能安全可靠地接通和分断极限短路电路。

（2）按标称电寿命，在规定次数内接通和分断电路后，不致严重磨损。

（3）长期工作制的载流能力。

2. 灭弧系统

灭弧系统的主要作用是熄灭触点在切断电路时产生的电弧。一般低压断路器的灭弧系统常采用铁板制成的栅片和窄片相结合的复式结构，增强了灭弧能力，有效限制了灭弧的距离，从而提高了灭弧系统的断流容量。

3. 脱扣器

脱扣器是断路器的感知元件，接收操作人员或继电保护装置发出的信号，通过传动机构使断路器跳闸而切断电路。断路器的保护装置由各种脱扣器来实现。一台断路器中同时装有两种或两种以上脱扣器时，称为复式脱扣器。

断路器的脱扣器形式有过电流脱扣器、欠电压脱扣器、分励脱扣器、半导体电子型脱扣器等。过电流脱扣器还可以分为过载脱扣器和短路脱扣器。

（1）过电流脱扣器：当过电流达到一定数值时，脱扣器经一段时间后动作，使断路器跳闸。过电流脱扣器一般有两种结构，一种是用双金属片制成的热脱扣器，这种脱扣器具有反时限保护特性，即过电流越大，动作时间越短，可以起到过载保护的作用；另一种是利用电磁原理制成的电磁脱扣器,当过电流大到一定数值时,可瞬间动作,使断路器跳闸,起到短路保护的作用。

(2)欠电压(失压)脱扣器:欠电压脱扣器的动作电压范围,当电压达到额定电压的75%时,必须能保证吸合;当电压降到额定电压的40%时,必须能够释放;而在40%~75%之间,不作保证。它有瞬时动作和延时两种。欠电压脱扣器并联在电源电路中。

(3)分励脱扣器:分励脱扣器为电磁型脱扣器,可按照操作人员的命令或继电保护装置发出的动作信号,使其线圈通电,衔接动作,从而使断路器跳闸,分断电路。分励脱扣器由控制电源供电,控制电源为直流电源或交流电源。电源电压应与分励脱扣器电磁线圈额定电压相匹配,才能可靠工作。

(4)半导体电子型脱扣器:半导体电子型脱扣器是由信号检测、过电流保护、欠电压延时保护、触发、执行元件和电源等几部分组成。

半导体电子脱扣器有5个可调电位器,用于长延时时间整定、长延时动作电流整定、短延时动作电流整定、瞬时动作电流整定和欠电压延时时间整定,可根据配电系统所需要的保护要求进行选择调整。调整后需将锁紧螺母拧紧,以防因振动而使电位器的数值发生变化。

4. 低压断路器的分、合指示电路

安装有低压断路器的低压配电柜,在配电柜的仪表板上都装有红、绿指示灯作为低压断路器的分、合指示电路。绿灯亮、红灯灭时,说明低压断路器处在分闸位置;绿灯灭、红灯亮时,说明低压断路器处在闭合位置,已投入运行。若绿灯、红灯均不亮,有可能是红、绿灯控制回路有故障或灯泡损坏,也可能是低压断路器电源侧无电或没有控制电源。若判断是否停电,还必须用经检验合格的验电笔进行验电,验电笔无指示才能说明是停电。

(二)低压断路器的主要参数

断路器形式标签如图2-100所示。

1. 低压断路器的额定电压

(1)额定工作电压:是指与通断能力以及使用类别相关的电压值。对于多相电路是指相间的电压值(即线电压)。

(2)额定绝缘电压:是设计断路器的电压值,电气间和爬电距离应参照此值而定。除非该型号产品技术文件另有规定,额定绝缘电压是断路器的最大额定工作电压,在任何情况下,最大额定工作电压不应超过额定绝缘电压。

2. 低压断路器的额定电流

(1)低压断路器壳架等级额定电流:用尺寸和结构(包括母排)相同的框架或塑料外壳中,能装的最大脱扣器额定电流来表示。

(2)低压断路器等级额定电流:是额定持续电流,也就是脱扣器能长期通过的电流。

(3)瞬时脱扣器整定电流值:用电流值表示,或以低压断路器额定电流值的倍数表示。

3. 额定短路分段电流

额定短路分段电流：低压断路器在规定条件下所能分断的最大短路电流。

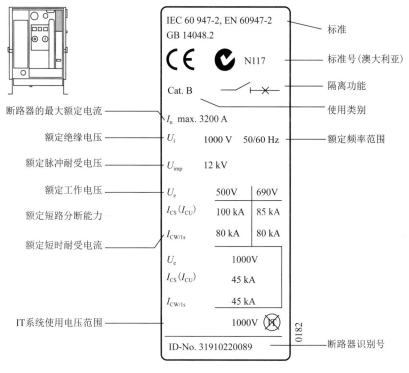

图 2-100　断路器形式标签

（三）低压断路器的选用原则

选用低压断路器时一般应注意以下几点：

（1）根据电器装置的要求确定低压断路器的类型和型号。

（2）低压断路器的额定电压，应不小于线路的额定电压。

（3）低压断路器的欠压脱扣器的额定电压，应等于线路的额定电压。

（4）低压断路器及其过电流脱扣器的额定电流，应不小于线路的计算负荷电流。

（5）选用配电用低压断路器时，长延时过流脱扣器的动作整定电流值，应等于 0.8～1 倍导线的安全载流量。

（6）选用电动机保护低压断路器时，长延时过流脱扣器的动作整定电流值，应等于电动机的额定电流值。

（7）瞬时动作过电流脱扣器的动作电流整定值，对于笼型异步电动机，应为电动机额定电流的 8～15 倍。

（8）断路器的分断能力能满足线路的要求，即其保护范围内发生最严重的短路故障时，低压断路器能够安全地切断电路。

三、交流 400V 开关柜读图方法

交流 400V 进线断路器分合闸回路如图 2-101 所示。

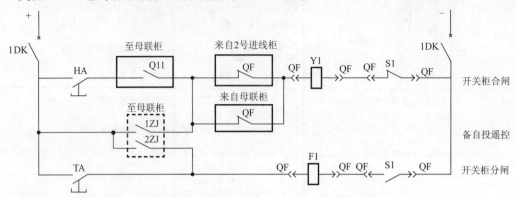

图 2-101　交流 400V 进线断路器分合闸回路

图 2-101 中的符号与说明见表 2-16。

断路器图纸符号与说明　　　　　　　　表 2-16

符　号	说　明	符　号	说　明
HA	合闸按钮	1DK	空气开关
TA	分闸按钮	QF	断路器
Y1	合闸线圈	F1	分闸线圈

S1 是与断路器主轴联动的辅助触点，图 2-101 中的 S1 闭合位置是当进线断路器开关位置在分闸情况下的状态，QF 是可抽入抽出型断路器。

推上空气开关 1DK，当 2 号进线柜断路器处于分位或者母联柜断路器处于分位时，对应的 QF 辅助触点闭合，才可以操作 1 号进线柜断路器合闸。图 2-101 中，1ZJ 是来自母联柜的远控合闸信号，当远动操作断路器合闸时，1ZJ 辅助触点闭合；2ZJ 是来自母联柜的远控分闸信号，当远动操作断路器分闸时，2ZJ 辅助触点闭合。

当转换开关打到就地手投手复时，Q11 闭合，按下 HA 合闸按钮，由于合闸回路上的 S1 闭合，Y1 合闸线圈得电，断路器合闸。当 1 号开关柜断路器处于合位时，此时分闸回流上的 S1 常开变为常闭，当按下分闸按钮 TA 时，分闸线圈 F1 得电，断路器分闸。

第九节　交直流屏系统

交直流屏系统主要用于发电厂和变电所中，为控制、信号、保护和智能装置（统称为控制负荷），以及为断路器电磁合闸装置、直流电动机、交流不停电源（UPS）、事故照明（统称为

动力负荷)等提供稳定的供电,如图 2-102 所示。

一、交直流屏系统简介及其组成

(一)交直流屏系统开关柜基本布局

交直流屏系统开关柜由 1 面交流配电屏、1 面直流充电屏、1 面直流馈电屏和 1 面蓄电池屏组成,如图 2-103 所示。

(二)交直流屏系统供电负荷

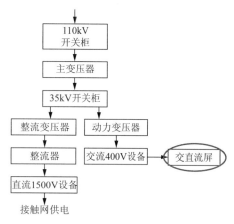

图 2-102　城市轨道交通供电系统示意图

正线交直流屏系统的供电负荷主要有二次控制回路、保护装置、智能控制装置、CP 盘、电机储能回路等(加热、照明回路为交流电源)。主变电所交直流系统主要供电负荷有二次控制回路、保护装置、UPS 等(加热、照明回路为交流电源)。

图 2-103　数字一体化交直流电源系统

直流操作电源系统供电原理如图 2-104 所示。

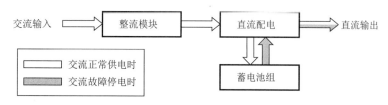

图 2-104　直流操作电源系统供电原理

交流输入电源正常时,通过交流配电单元给各个整流模块供电。整流模块将交流电变换为直流电,经保护电器(熔断器或断路器)输出,一方面给蓄电池充电,另一方面经直流配电馈电单元给直流负载提供正常的工作电源。当交流输入电源故障停电时,整流模块停止工作,由蓄电池组不间断地给直流负载供电。

二、交直流屏系统模块介绍

(一)交流配电屏

交流系统接线图如图 2-105 所示。

图 2-105 中的符号与说明见表 2-17。

交流接线图图纸说明　　　　　　　　　　表 2-17

符　号	说　明	符　号	说　明
1FV、2FV	防雷装置	kV	电压监测继电器
QF	空气开关		

(1)交流配电屏配置,由交流 400V 两段母线馈出的抽屉开关各引出一路电源,作为交流配电屏的两路母线的进线电源,用 1QF、2QF 表示,母联开关 3QF。

(2)交流配电屏设置自投自复功能,即当两路进线电源正常时,两路进行开关自动合闸,当一路进线电源失电时,该路进行开关自动跳闸,母联开关延时自动合闸投入,由另一路开关担负该段开关的全部交直流负荷用电;当该路进行电源恢复正常时,母联开关自动分闸退出,该路进线开关自动恢复合闸供电。

(3)交流配电屏两段母线馈出开关供变电所内设备的交流用电,例如加热、照明用电。

(4)从交流配电屏两段母线各馈出一路开关到直流充电屏,作为直流充电屏内整流模块的交流输入端(正常运行时一路主用,一路备用)。双路交流电源的切换采用电磁操作的 PC 级自动转换开关实现,自带机械联锁和电气联锁,即可手动操作也可自动操作。自动操作方式下,由控制电路完成对两路交流进线电源的监测和自动切换控制。

双电源自动切换控制功能见表 2-18。

双电源自动切换控制功能表　　　　　　　　　　表 2-18

电源状态		控制功能
1 路电源	2 路电源	自投自复
正常	正常	Ⅰ合Ⅱ分:一路常用电源供电
故障	正常	Ⅰ分Ⅱ合:切换为二路备用电源供电
恢复正常	正常	Ⅰ合Ⅱ分:恢复为一路常用电源供电
正常	故障	Ⅰ合Ⅱ分:保持由一路常用电源供电
正常	恢复正常	Ⅰ合Ⅱ分:保持由一路常用电源供电

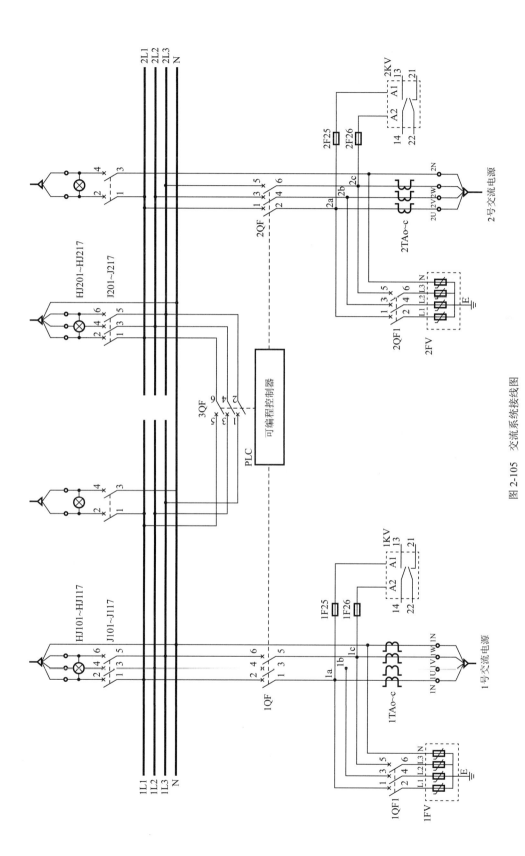

图 2-105 交流系统接线图

(二)直流充电、馈电屏

直流系统接线如图 2-106 所示。

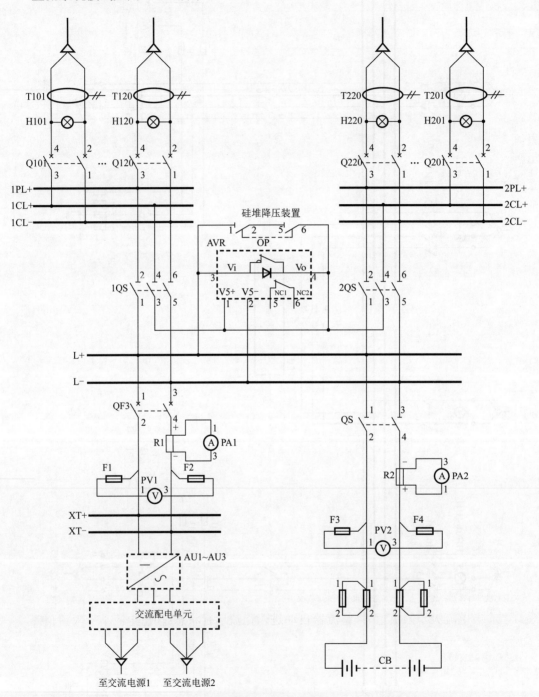

图 2-106 直流系统接线图

图 2-106 中的符号与说明见表 2-19。

直流系统接线图图纸符号与说明　　　　　　表2-19

符号	说明	符号	说明
AU1~AU3	高频开关整流模块	QF3	整流器输出开关
R1、R2	分流器	QS	母线联络开关
CB	蓄电池	AVR	硅堆调压装置

1. 直流充电屏

（1）直流充电屏内共配置四组整流模块，各整流模块并联运行。从交流配电屏两段母线各馈出一路开关到直流充电屏，作为直流充电屏内整流模块的交流输入端。整流模块输出直流240V电压，送到直流母线和蓄电池屏，再通过直流馈电屏硅链进行降压为直流220V，供给全所的直流用电负荷。正常供电时，充电单元对蓄电池组进行均充电或浮充电，同时为系统的经常性直流负荷提供电源，由蓄电池组向冲击负荷供电。交流失电后，由蓄电池向全部负荷，包括经常性负荷、事故负荷、冲击负荷和事故照明负荷供电。

（2）如图2-107所示，电力电源整流模块电压等级为：220V电压等级，使用的ZZG22A系列产品采用自冷和风冷相结合的散热方式，在轻载时自然冷却，符合电力系统的实际运行情况。采用谐振软开关技

图2-107　整流模块

术，效率高；采用无源功率因数校正（Power Factor Correction，PFC）技术，功率因数高，符合《电力用高频开关整流模块》（DL/T 781—2001）中三相谐波标准；前级置入电磁干扰（Electro Magnetic Interference，EMI）滤波器，符合《不间断电源设备（UPS）第2部分：电磁兼容性（EMC）要求》（GB/T 7260.2—2009）中相关EMI和电磁兼容（Electro Magnetic Compatibility，EMC）标准。

①模块化处理：每个模块之间既相互联系又独立运行，当其中一模块出现故障时，该模块自行退出整个系统，其他模块可以正常运行。

②自动均流技术：如一模块因故障无法正常运行时，其自动退出系统，其余模块重新按照事先设置的参数自动均流，如果电流达到一模块限值时，系统默认按照最大功率输出。

③独立风道设计：内部散热效果好，灰尘不扩散。无级变速，强制风冷。

④三防处理：防腐材料的结构设计以及防潮、防盐雾、防霉变处理，确保在特殊地区与场合的可靠运行。

⑤效率高：最高可达到95%以上。

⑥稳压限流运行功能：整流器能以设定的电压值和限流值长期对电池充电并带负载运行。当输出电流大于限流值时，整流器自动进入稳流运行状态；输出电流小于限流值时，整流器自动进入稳压运行状态。

⑦输出电压、电流调节功能：使用按键组合完成电压、电流调节。

⑧LED显示功能：可通过面板上的按键，显示整流器当前的输出电压、输出电流。

⑨保护功能：输入过压保护、欠压保护、过流保护、短路保护、输出过压保护、过温保护等功能。

2. 充电模块的框图结构

充电模块的框图结构如图 2-108 所示。

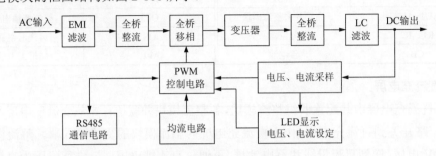

图 2-108 充电模块的框图结构

直流充电屏内设置集中监控和绝缘检测装置，对交直流开关柜内主要参数进行监控，对直流充电馈电屏母线及各支路绝缘进行检测，并配置交直流过压、欠压保护和蓄电池检测功能，对交直流屏正常运行提供重要的保护。在直流系统中，发生一点接地并不引起任何危害，但必须及时消除。当因为直流回路再发生另一点接地时，一是，可能造成短路，损坏直流设备，保护装置因失电而失去作用，断路器因无操作电源不能电动操作；二是，使保护和控制回路发生误动作。

3. 硅堆降压装置

对于阀控式铅酸蓄电池直流系统，当 2V 单体电池的个数大于 104 只时，充电装置对蓄电池组的充电电压降超过直流控制母线允许的变化范围（标称电压值的 87.5%~110%），因此在充电装置、蓄电池组与直流控制母线之间需要串联一个降压装置，把控制直流母线的电压稳定在规定的范围之内。硅堆降压装置的原理如图 2-109 所示。

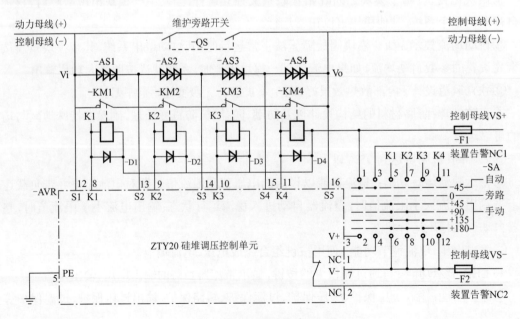

图 2-109 硅堆降压装置原理图

如图 2-109 所示,硅堆降压装置由降压硅堆(硅链)、执行继电器、控制单元和控制转换开关组成,各部分功能如下。

(1)降压硅堆是由多个大功率硅整流二极管串接而成,利用基本恒定的正向导通压降作为调整电压,通过改变串入线路的硅堆数量获得适当的压降,达到电压调节的目的。降压硅堆具有抗电流冲击能力大、安全、可靠的优点。

(2)**降压硅堆分 4 节串联而成,在每节硅堆两端并接调压执行继电器的常闭触点,若驱动执行继电器动作,令其触点断开,使该节硅堆串入线路,降压装置的电压降增大;反之,若执行继电器返回,其触点闭合把该节硅堆短接,使串入线路中的硅堆节数减少,降压装置的电压降减小。**

(3)控制转换开关 SA 用于选择调压控制方式,当开关手柄在 -45°位置时,硅堆降压装置处于自动调压状态,硅堆调压控制单元根据控制母线电压的变化情况,驱动适当数量的执行继电器动作,保证控制母线的电压在正常范围内。当开关手柄在 0°位置时,硅堆降压装置处于旁路直通状态,此时的各节硅堆被执行继电器短接旁路;当开关手柄在 45°~180°位置时,硅堆降压装置处于手动调压状态,此时开关手柄的不同操作位置,强制不同数量的执行继电器动作,实现手动调压控制直流母线的电压。

(4)隔离开关 QS 是在硅堆降压装置故障维护时,为直流控制母线提供一个旁路直通回路,保证直流控制母线连续不间断供电。

(三)蓄电池屏

(1)蓄电池屏使用的是铅酸蓄电池。铅酸蓄电池具有可靠性好、材料易得、价格便宜的优点,但也存在能量低、质量和体积太大、放电短、寿命短的缺点。

蓄电池屏由 18 块电池组成,每块电池又有 6 个单体为 2V 的电池组成。单体电池过压值 2.45V,单体电池欠压值 1.8V。电池容量主要有:降压所 73AH 和牵混所 106AH 两种。

(2)正常运行时,从直流充电屏母线引入一路直流 240V 用电,为蓄电池组充电,蓄电池组充电完成后,处于浮充电状态。当发生交流电源或整流模块失电时,蓄电池自动投入运行,为全所的直流负荷提供不间断的直流电源。

蓄电池组每年都需要进行一次核对性充放电,以检验电池的性能。

第十节 电力监控系统

一、电力监控系统简介

电力监控系统主要由计算机、通信设备、测控单元(智能设备)组成,其为变配电系统的实时数据采集、开关状态检测及远程控制提供基础平台。它可以和检测、控制设备构成任意复杂的监控系统,在变配电监控中发挥核心作用,可以帮助企业降低运作成本,提高生产效率,加快变配电过程中的反应速度。

远动技术是随着生产过程自动化程度的日益提高而发展起来的,是自动化技术和远程通信技术在电力生产上的有机结合。

电力监控系统具有远程性和实时性。

1. 远程性

电力监控系统的远程性表现在系统使用了通信技术。

2. 实时性

电力监控系统的实时性是指数据采集能及时反映到各个控制中心,控制中心的控制命令也能及时下达到控制对象。

电力监控系统是一门综合技术,它是电力技术、计算机技术、现代通信技术在供电系统中的具体应用。

二、电力监控系统功能和构成

(一)电力监控系统的主要功能

电力监控系统的主要设备设置在控制中心。远程控制终端设备(RTU,Remote Terminal Unit)设置在各变电所内,RTU通过通信网络与控制中心设备相连,控制中心命令由OCC发出,通过通信网络设备传送至各站RTU,再由RTU传向供电系统对应的智能装置,实现控制中心监视和控制供电系统各个间隔设备。

电力监控系统所有的计算机和RTU都有自监功能,系统设备具有高度可靠性,各设备状态可在电力监控系统上显示。

电力监控系统的主要功能可概括为"四遥",即遥控、遥测、遥信和遥调。

1. 遥控

遥控是指对被控对象进行远距离控制。被控对象可以是固定的,如工厂的机器,输油、输气、供水管道上的泵与阀,铁路上的变电所、分区亭、开闭所,电力系统的发电厂、变电所的开关等;也可以是活动的,如无人驾驶飞机、卫星等。

2. 遥测

遥测是指对被测对象的某些参数进行远距离测量。如可以遥测铁路牵引供电系统中变电所,分区亭中的有功功率和无功功率,电度、电压、电流等电气参数及接触网故障点等非电气参数。

3. 遥信

遥信是指将被控站的设备状态信号远距离传送给调度端,如开关位置信号、报警信号等。

4. 遥调

遥调是指调度端直接对被控站某些设备的工作状态和参数进行调整。如调节变电所的某些量值(如电压、功率因数等)。

根据系统的功能完善,很多电力监控系统现在还有遥设功能,即用于远方修改分散继电保护装置的定值、控制字,以及调整各种仪表的工作状态。

其他管理功能主要有:报表管理、事故追忆、故障分析、数据统计、信息管理、权限管理等。

5. 电力监控系统的监控对象

电力监控系统主要监视的对象有 110kV GIS、主变压器、站用变压器、35kV GIS、直流 1500V 开关柜、400V 低压开关柜、交直流系统等。

6. 电力监控系统优点

电力监控系统实现了集中监控,提高了安全运行水平,通过电力监控可及时获知事故发生地点,及时处理事故。其优点主要表现在以下两个方面:

(1)集中控制,提高劳动生产率和操作质量。

(2)经济效益显著,减少运行费用。

(二)电力监控系统的构成及网络

1. 电力监控系统的构成

开放、分层分布式结构是当前计算机监控系统的主流,该种结构的主要特点是将系统分为若干相对独立的单元和层次,各层次通过网络连接。根据电力系统的构成,将电力监控系统分为站控层(站级管理层)、网络层(网络通信层)和间隔层(间隔设备层)。现以电力监控系综合自动化系统的 RT21-SAS 型号为例加以介绍。

(1)站控层

站控层设备主要包括设置在控制信号盘内的站控主单元、人机接口模块、电源、通用测控装置和报警装置等。站级管理层实现对本变电所设备的监视、控制和报警功能,并实现变电所电力监控系统与车站级(或中心级)电力监控系统之间的数据交换。

站控层的设备主要包括操作员站、工程师站、远动站(通信工作站)、五防工作站等。其中:

①操作员站:对现场上送的数据进行处理、分类、汇总、分析,用于对现场运行人员进行监视和控制设备。

②工程师站:处理继电保护信息,包括定值的查询、修改及动作报告的查询等。

③远动站(通信工作站):通过现场网络采集数据,处理后上送上级调度中心。

④五防工作站:实现对全站设备操作五防闭锁功能,主要通过对电子钥匙进行操作、模拟,然后与监控系统相结合,进行开关、刀闸的合分操作。

"五防":一是防止带负荷分、合隔离开关;二是防止误分、误合断路器、负荷开关、接触器;三是防止接地开关处于闭合位置时关合断路器、负荷开关;四是防止在带电时误合接地开关;五是防止误入带电间隔。

(2)网络层

网络通信层实现站级管理层与智能监控单元层之间的通信,该层包括以太网和现场总线的通信光缆及电缆、网络交换机和光电转换器等通信传输转换设备。

网络层设备:由太网光纤收发器、工业交换机、串口服务器等组成,如图2-110～图2-112所示。

图2-110 光纤收发器

图2-111 工业交换机

图2-112 串口服务器

网络是通信系统的基础,在电力监控系统中涉及串行通信和以太网通信。

①串行通信。

a. 接口形式:RS232、RS485、RS422。

b. 特点:传输距离短、传输速率慢、受干扰的概率大、传输数据量小。

c. 传输介质:一般使用两芯或四芯屏蔽双绞线。

②以太网通信。

a. 接口形式:电接口(RJ45)、光接口。

b. 特点:传输速率高、距离长、实时性高。采用光缆受干扰的可能性大大降低。

c. 传输介质:五类双绞线、超五类双绞线、多模光缆、单模光缆。

(3)间隔层

间隔层设备主要包括计算机型继电保护测控装置、多功能测控单元、变压器温控器、测控PLC等带有通信接口的设备等,主要执行电力监控系统对供电系统设备的控制、监视、测量、保护等功能,并可实现对基础设备数据的采集、测量等功能。

2. 电力监控系统网络简介

变电所综合自动化系统构成:站控层(站级管理层)、网络层(网络通信层)和间隔层(间隔设备层)。

(1)站控层

站控层组成:

①RT21计算机监控系统。

②C300系列通信控制单元。

③D200系列通用测控单元。

④硬件支撑平台。

站控层主要功能：

①RT21-SAS主要功能：监视、控制、组态、通信。

②通信控制单元主要功能：核心部件是通信控制器。通信控制器是整个变电所电力监控系统的核心设备，负责管理整个变电所电力监控系统的运行。电力监控系统设置双冗余通信控制器，两台通信控制器互相热备，正常情况下，只有其中一台工作，另一台通信控制器实时监视其工作状况。当主通信控制器故障时，备用机立即投入运行，以保证系统的可靠运行。C300 系列通信控制器采用的是 C306L 控制器。

控制信号盘配置人机接口模块，核心模块采用嵌入式工控计算机，配有键盘、鼠标等标准输入设备，操作系统采用 Windows Xp，应用软件采用 NARI NS3000 变电所综合自动化监控系统。

③D200通用测控装置：采用最新DSP软、硬件技术，提供丰富灵活的人机界面，具有完善的配置组态功能。

（2）网络通信层

①网络通信层实现站级管理层与智能监控单元层之间的通信。该层包括以太网和现场总线的通信光缆及电缆、网络交换机和光电转换器等通信传输转换设备。

②通信电缆包括屏蔽双绞线和屏蔽网线。

③变电所网络交换机如图 2-113、图 2-114 所示。

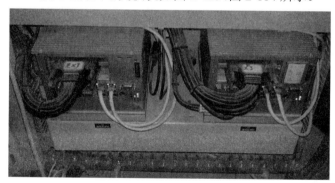

图 2-113　综控屏内的网络交换机

图 2-114　联跳柜内的以太网交换机

（3）间隔层

①智能监控单元主要包括计算机型继电保护测控装置、多功能测控单元、变压器温控器、测控 PLC 等带有通信接口的设备。执行电力监控系统对供电系统设备的控制、监视、测量、保护等功能，并实现对基础设备数据的采集、测量等。

②间隔层主要设备有：

a. 35kV、1500V 计算机型保护测控装置。

b. 400V 多功能测控单元。

c. 整流器测控 PLC。

d. 交直流屏监控装置。

e. 整流变、动力变温控器。

f. 轨电位测控 PLC。

g. 杂散电流监测装置。

③相关图片。

a. 35kV 计算机保护装置,如图 2-115、图 2-116 所示。

图 2-115　差动保护装置　　　　　图 2-116　35kV 后备保护测控装置

b. 直流 1500V 设备计算机保护装置,如图 2-117～图 2-121 所示。

 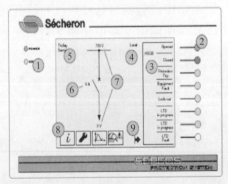

图 2-117　SEPCOS-NG 控制与保护装置　　　图 2-118　SEPCOS 显示单元

图 2-119　联跳柜的测控 PLC　　　　　图 2-120　整流器柜内 PLC

c. 整流变压器和动力变压器温控仪，如图 2-122 所示。

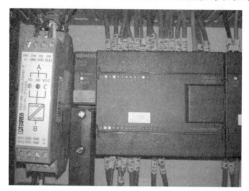
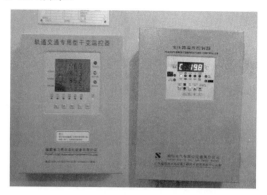

图 2-121　轨电位限制装置 PLC　　　　图 2-122　整流变压器和动力变压器温控仪

d.WZCK-20 系列计算机直流监控装置如图 2-123、图 2-124 所示。

图 2-123　计算机直流监控装置正视图

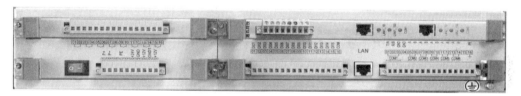

图 2-124　计算机直流监控装置后视图

第十一节　电缆结构参数及附件

一、电缆简介

电力电缆用于电能的传输与分配，它必须实现以下功能：
①满足输电、配电网络对电力电缆的各项要求；
②能承受电网电压；
③满足传输功率要求；
④满足正常和故障下的电流通过；

⑤在满足电力网络的前提下,还必须满足安装、敷设、使用所需的机械强度和可曲度要求,并耐用可靠。

按电缆的绝缘和结构不同,电缆可分为纸绝缘电缆、挤包绝缘电缆和压力电缆三大类。纸绝缘电缆是绕包绝缘纸带后浸渍绝缘剂(油类)作为绝缘的电缆,它具有使用寿命长,价格便宜,热稳定性高等优点,缺点是制造和安装工艺比较复杂。挤包绝缘电缆又称固体挤压聚合电缆,它是以热塑性或热固性材料挤包形成绝缘的电缆。压力电缆是在电缆中充以能够流动、并具有一定压力的绝缘油或气体的电缆。

二、110kV 电缆技术参数介绍

主变电所 110kV 电缆常采用交联聚乙烯绝缘单铜芯电力电缆,以 YJLW03-Z 64/110 1×800 型电缆为例进行介绍,其断面图如图 2-125 所示。

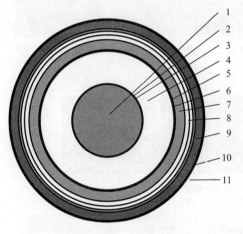

图 2-125　110kV 电缆断面图

1- 导体;2- 半导电尼龙带;3- 导体屏蔽;4-XLPE 绝缘;5- 绝缘屏蔽;6- 半导电阻水带;7- 半导电缓冲阻水带;8- 皱纹铝护套;9- 高密度聚乙烯外护套;10- "退灭虫"防蚁护层;11- 石墨涂层

注:皱纹铝护套与高密度聚乙烯外护套之间为沥青防腐涂层,退灭虫防蚁护层外为石墨涂层。

三、35kV 电缆技术参数介绍

(一)电缆规格和性能

1. 按敷设环境划分的型号

城市轨道交通采用的 35kV 电缆,按照敷设的环境分为以下两个型号:

(1)WDZA—YJY63 21/35kV:额定电压 21/35kV,铜芯交联聚乙烯绝缘聚烯烃护套无卤低烟阻燃 A 类电力电缆。

(2)DDZBF—YJY62 21/35kV:额定电压 21/35kV,铜芯交联聚乙烯绝缘聚氯乙烯护套低烟低卤阻燃 B 类电力电缆。

2. 按截面划分的规格

按照线芯截面的不同,单芯电缆规格有:$1\times 95mm^2$、$1\times 120mm^2$、$1\times 150mm^2$、$1\times 300mm^2$ 四种规格。

3. 电缆性能

交流 35kV 电缆具有低烟、无卤、阻燃等特性。敷设于敞开段及电缆沟内的电缆,应考虑阻燃、防水、防鼠、防紫外线要求;敷设于隧道、变电所内部的电缆,应考虑阻燃、防水、防鼠要求。

(二)结构组成

城市轨道交通 35kV 交联聚乙烯绝缘电缆主要由线芯、绝缘层、外护套等结构组成,具体如图 2-126 所示。

(三) 电缆层级作用

根据电缆设计要求,特别是针对城市轨道交通隧道敷设需求来定制特殊材料。电缆各层主要作用如下。

(1) 电缆线芯(铜导体):传导电流。

(2) 导体屏蔽:均匀电场,防止界面凸起引起的局部放电。

(3) 主绝缘:使带电体与其他部件电气隔离,耐受各种电压。

(4) 绝缘屏蔽:均匀电场,防止界面凸起引起的局部放电。

(5) 半导电尼龙带:加强绝缘屏蔽层,防止金属屏蔽损伤绝缘屏蔽。

(6) 金属屏蔽组合:正常运行时通过电容电流,三相不平衡时作为中性点通过不平衡电流,系统故障时通过短路电流,起屏蔽电场作用。

(7) 无纺布带:生产过程中保护金属屏蔽层,并隔离阻水层。

(8) 铝塑复合带:径向防水,防止外层破损,导致水分进入电缆线芯。

(9) 阻燃隔氧带:隔离铜带铠装层,是电缆达到阻燃性能的关键部件,在燃烧时有效隔绝外界氧的进入。

(10) 内护套:隔离铠装与金属屏蔽层,具有防水、防潮作用。

(11) 防鼠铠装层:防止外力损坏及老鼠等小动物破坏电缆。

(12) 外护套:具有防潮、防腐、防止外力及小动物破坏电缆的作用,它是电缆的最初保护层。

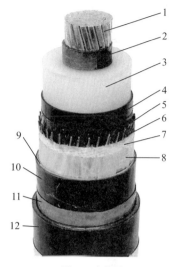

图一 实物图

图 2-126 35kV 电缆结构组成

1- 电缆线芯(铜导体);2- 导体屏蔽;3- 主绝缘;4- 绝缘屏蔽;5- 半导电尼龙带;6- 金属屏蔽组合(含铜丝及铜片);7- 无纺布带;8- 铝塑复合带;9- 阻燃隔氧带;10- 内护套;11- 防鼠铠装;12- 外护套

四、直流 1500V 电缆技术参数介绍

(一) 电缆规格和性能

(1) 城市轨道交通采用的直流 1500V 电缆主要有 WDZA-FS/FY-TZEYR-DC1500V 和 WDZA-FS/FY-TZYJY- DC1500V 两种型号,即额定电压直流 1500V 铜芯乙丙橡胶/交联聚乙烯绝缘钢带铠装无卤低烟阻燃 A 类聚烯烃护套直流电力电缆。

(2) 按照线芯截面的不同,单芯电缆有 $1\times400mm^2$、$1\times150mm^2$ 两种规格。

(3)电缆性能。应具有低烟、无卤、阻燃等特性,同时考虑防水要求。

(二)结构组成

直流 1500V 乙丙橡胶/交联聚乙烯绝缘电缆主要由线芯、绝缘层、外护套等结构组成,具体如图 2-127 所示。

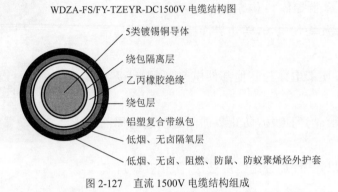

图 2-127 直流 1500V 电缆结构组成

(三)层级作用及结构要求

根据电缆设计要求,特别是针对城市轨道交通隧道敷设需求来定制特殊材料,电缆各层主要作用如下。

(1)乙丙绝缘电缆线芯(铜导体):传导电流,采用 5 类镀锡铜软线束绞、股线复绞成导体,导体表面光滑、无油污、毛刺,无凸起或断裂的单线。导体结构应符合《电缆的导体》(GB/T 3956—2008)第五类导体结构形式的规定。

(2)交联聚乙烯绝缘电缆线芯(铜导体):传导电流,采用多股圆形铜线绞合紧压成导体,导体表面应光滑、无油污、毛刺,无凸起或断裂的单线;紧压系数不小于 0.90,导体结构应符合《电缆的导体》(GB/T 3956—2008)第五类导体结构形式的规定。

(3)乙丙电缆绝缘:使带电体与其他部件电气隔离,耐受各种电压。绝缘采用乙丙橡胶绝缘,其性能应符合国标等相关材料标准性能要求,绝缘标称厚度应符合《额定电压 1kV(U_m=1.2kV)到 35kV(U_m=40.5kV)挤包绝缘电力电缆及附件》(GB 12706—2008)标准相关要求,最薄点厚度应不小于标称值的 90%,绝缘最高允许温度为 85℃。

(4)交联聚乙烯电缆绝缘:使带电体与其他部件电气隔离,耐受各种电压。绝缘采用交联聚乙烯绝缘材料,绝缘标称厚度为 2.0mm,绝缘层的平均厚度应不小于标称厚度,最薄点厚度应不小于标称值的 90%,绝缘最高允许温度为 85℃。

(5)防水层:径向防水,防止外层破损导致水分进入电缆线芯。采用纵包铝塑复合带,其标称厚度不小于 0.25mm。

(6)内衬层:电缆达到阻燃性能的关键部件,在燃烧时有效隔绝外界氧的进入。采用挤包形式,其厚度应满足《额定电压 1kV(U_m=1.2kV)到 35kV(U_m=40.5kV)挤包绝缘电力电缆及附件》（GB 12706—2008）的要求。

（7）外护套：具备防潮、防腐、防止外力及小动物对电缆的破坏功能，是电缆的最初保护层。外护套采用低烟、无卤、阻燃护套材料，护套的标称厚度按《电缆外护层》（GB/T 2952—2008）的规定，最薄点厚度应不小于标称值的80%。对于防紫外线型电缆的护套材料，应具有良好的抗日照、紫外线老化性能。

五、电缆附件

电缆终端和中间接头统称为电缆附件，它们是电缆线路中不可缺少的部分。

（一）电缆终端

电缆终端是安装在电缆线路末端，具有一定绝缘和密封性能，用以将电缆与其他电气设备相连接的电缆附件。

按使用场所不同，电缆终端可分为户内终端、户外终端、设备终端、GIS终端。按电缆终端所用材料的不同，可分为热缩型、冷缩型、橡胶预制型、绕包型、瓷套型、浇铸（树脂）型等。

（二）电缆接头

电缆接头是安装在电缆与电缆之间，使两根及以上电缆导体连通，并具有一定绝缘、密封性能的附件。

按电缆接头功能不同，其可分为普通接头、绝缘接头、塞止接头、分支接头、过渡接头、转换接头、软接头等；按电缆接头所用材料不同，其可分为热缩型、冷缩型、绕包型、模塑型、预制件装配型、浇铸（树脂）型、注塑型等。

第二篇　实务篇

第三章　供电设备维护

岗位应知应会

1. 了解设备维护一般分类。
2. 熟悉设备维护项目。
3. 掌握设备维护标准。

重难点

重点：设备维护项目偏多，需侧重学习。
难点：不同设备维护标准不同。

供电设备维护分为设备日常巡视和检修两种。日常巡视是通过观察并记录设备运行数据，进而判断设备是否正常的重要手段。检修又分为计划修和故障修。

计划修是为了防止设备性能及精度劣化或降低，根据设备运转的周期和季节性等特点，按预先制定的设备检修周期与工作内容、技术要求和计划所进行的检修。计划修分为五类：日常保养、二级保养、小修、中修、大修。

故障修是当系统设备发生故障，或由于计划性检修不当，造成性能或精度降低到合格水平以下，且对正常运营安全构成直接或间接影响而进行的检修。

本章主要介绍供电设备日常巡视及计划修的主要内容，其中检修项目以及周期可以根据后期设备运行情况，结合工作经验进行优化调整。

供电设备检修按照检修内容分为一次维护、二次维护、保护校验及预防性试验。一次维护主要是对设备的一次回路部分进行除尘、螺栓紧固、机构润滑、行程调整等；二次维护主要是对设备的二次回路部分进行除尘、端子紧固、功能测试等；保护校验主要是对设备保护装置的灵敏性和准确性进行校验；预防性试验主要是对设备绝缘程度及特性参数等进行的试验，它是判断设备能否继续投入运行，预防事故发生、预防设备损坏以及保障设备安全运行的重要措施。

第一节　供电设备巡检流程及方法

一、供电设备巡检

供电设备巡检对象应包含变电所内所有变配电设备，主要有电力监控装置、交直流屏、蓄电池、400V 低压开关柜、直流 1500V 开关柜、整流器、负极柜、钢轨电位限制装置、35kV GIS、110kV GIS、动力变压器、整流变压器、主变压器以及厂段内的单向导通装置、静调电源柜。变配电巡视流程如图 3-1 所示。

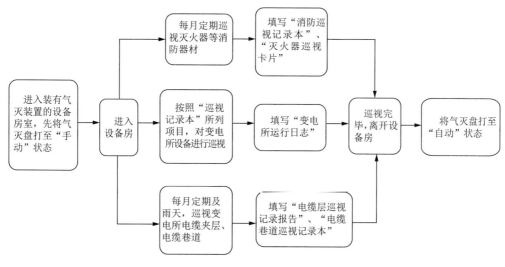

图 3-1 变配电巡视流程图

二、值班巡视注意事项

（1）变电所设备房蓄电池室环境温度一般应保持在 25℃左右，其他设备房环境温度应在 5～40℃的范围内，相对湿度不大于 80%。

（2）城市轨道交通供电系统 110kV 进线电压正、负偏差的绝对值之和小于额定电压值的 10%；非正常情况下，电压允许偏差为 ±10%。

（3）城市轨道交通供电系统 35kV 供电电压正、负偏差的绝对值之和不超过额定电压的 10%；非正常情况下，电压最大允许偏差不应超过额定值的 10%。主变压器自动调压范围为 34～36kV。

（4）直流 1500V 牵引供电系统的电压标准范围为 1000～1800V。

（5）400V 三相供电电压允许偏差为额定电压的 ±7%；非正常情况下，电压最大允许偏差不应超过额定值的 10%。

（6）220V 单相供电电压允许偏差为额定电压的 7%～10%；非正常情况下，电压最大允许偏差不应超过额定值的 10%。

（7）变压器不能超温运行，一般设定温度保护：超温报警整定值 130℃，超温跳闸整定值 150℃。

（8）供电系统继电保护整定值设定应符合整定通知书要求。

第二节 110kV GIS 维护

110kV GIS 作为电压等级最高的设备,加上其采用封闭式组合电器,可靠性和安全性极高,运行简单、维修方便。本节主要介绍 110kV GIS 设备的维护。

一、日常保养(日检)

(1)电气连接部分应连接牢固,接触良好,无发热、松动。
(2)设备的气压正常,无异味。
(3)设备安装牢固,无倾斜,外壳无严重锈蚀,接地良好,基础、支架应无严重破损剥落。
(4)设备无放电声,无电晕现象。
(5)SF6 压力指示正常,防爆筒应无破裂、密封良好。
(6)GIS 连接部分无泄漏,气压正常。
(7)隔离开关、断路器位置指示正确。

二、小修(年检)

(一)断路器间隔操作机构检查

(1)分合闸线圈、行程开关外观良好,功能测试正常、无卡滞。
(2)操作机构机械位置指示正确。
(3)手动储能功能正常,储能指示正常,机械传动无卡滞。
(4)分合闸脱扣装置各机械传动部件及零件良好,分合闸操作过程正确、无异常。
(5)机械、电气联锁装置各部件外观检查、清洁;分合闸时与隔离开关、接地刀闸的联锁条件正确;机械闭锁正确,各部件无变形、无破损、无生锈、无积尘;各电气、机械联锁条件正确。
(6)储能弹簧安装牢固,表面光滑、无生锈、无变形。
(7)分合位置辅助接点装置动作连动功能正确;辅助接点完好无损,各接线端子连接良好。
(8)电机绕组绝缘 $\geqslant 0.5\mathrm{M}\Omega$;接线良好;电机运转正常,无异常声响。

(二)断路器 110kV GIS 气室检查

(1)各部分应密封、无泄漏情况。

(2)气室缸体螺栓外观正常。
(3)SF6气体压力值正常;气体回收装置开机运行正常、各运行功能正常。
(4)伸缩节伸缩值符合要求。

(三)互感器间隔互感器 CT/PT 检查

二次端子外观应接线紧固、无腐蚀。

(四)进线间隔终端头检查

电缆终端头外观正常。

(五)刀闸间隔操作机构箱检查

(1)外观清洁,应符合标准。
(2)分合闸动作准确。
(3)二次端子应紧固,接线整齐。

(六)现场控制柜计算机控制单元检查

(1)控制装置信息正确。
(2)二次接线端子应紧固。
(3)液晶显示、信号灯等正确。
(4)检查分闸线圈、合闸线圈的接线、端子。
(5)外观无破裂,触点无氧化,电磁铁动作灵活、无卡滞。
(6)柜体外观正常。

(七)现场控制柜二次回路检查

(1)端子排、继电器、空气开关接线端子、加热器、照明装置端子,应紧固。
(2)风扇开关功能正常,端子排接线端子螺栓紧固。
(3)二次设备表面应无积尘,加热器功能应正常。

三、小修(三年检)

(一)断路器 110kV GIS 开关柜气室检查

(1)压力表校验仪校验压力指示正确。
(2)SF6气体使用 SF6 微水仪进行微水测试,气室 SF6 微水符合标准。

(二)刀闸间隔操作机构箱检查

(1)分合闸回路无异常。
(2)各电气部件外观无异常。
(3)各部件绝缘正常。
(4)电机转动无异响,转动平稳。
(5)各回路机械、电气联锁条件正确。

(三)现场控制柜检查

(1)计算机控制单元各项均正常。
(2)二次回路分合闸线圈、动作特性符合标准。

四、中修(六年检)

互感器CT/PT绕组绝缘和变比均应符合标准。

第三节　油浸式主变压器维护

油浸式主变压器作为主变电所的"庞然大物",停电影响范围大,其维护也是耗时、耗人力的大工程。本节主要介绍主变压器的日常保养、年检、三年检、六年检。

一、日常保养(日检)

(1)变压器的油温和温度计应正常,储油柜油位应与温度相对应,各部位无渗油漏油,有载调压分接开关及其附件各部位应无渗漏油。
(2)套管油位应正常,套管外部无破损裂纹、无严重油污、无放电痕迹及其他异常现象。
(3)变压器运行声音正常,无异味,无闪络、跳火和内部震动。
(4)吸湿器完好,吸附剂干燥。
(5)引线接头、电缆、母线不过热,雨天中无蒸汽。
(6)本体每个阀门、表计、法兰连接处、焊缝处,以及高、低压及中性点套管冷却器等处,无渗漏油。
(7)有载调压控制器电源指示灯显示正确,亮红色为电源有电;有载调压分接位置指示器,应指示正确。

（8）有载调压分接开关储油柜的油位、油色、吸湿器及其干燥剂均应正常。

（9）各控制箱和二次端子箱应关严,保持干燥。

（10）各接地装置应良好,可靠。

二、小修（年检）

（一）主油箱及油枕

（1）油漆涂层应完好,变压器油箱应正常。

（2）外壳无脱漆,无渗漏,无破裂,无锈蚀。

（3）螺栓无锈蚀。

（二）有载调压开关

（1）读取计数器的读数,清洗各挡位触头,冲击释放装置,外部转轴及法兰连接处无漏油。

（2）有载调压开关,开关本体检查应正常。

（3）检查及清扫有载调压开关控制箱,继电器、空气开关常开、常闭触点信号指示应正确。

（4）有载调压开关外观无发黑,无破裂。

（5）进行调压开关的手动、电气操作检查,无异常情况。

（6）二次回路绝缘电阻不小于 $1M\Omega$。

（7）有载调压开关控制箱密封良好。

（8）密封无破损,密封整齐。

（9）端子螺栓紧固。

（10）二次线排列整齐,加热器接线无发热,无变黑。

（11）正常发热,并按规定投入加热器。

（三）冷却系统

（1）楔形平滑动阀门或蝴蝶阀门的位置应正确。

（2）法兰连接处及焊接处无漏油。

（3）检查并清洗风扇,清洗散热器,各部件清洁、检修及运转情况均正常。

（四）变压器本体

（1）高低压侧电缆连接头,绝缘子应牢固、无破损、无放电痕迹,进出线套管应无破损、无放电痕迹,瓷套表面小面积掉瓷时补瓷。

(2)瓷套与法兰连接处无渗油,螺栓无锈蚀、破裂情况。

(五)110kV进线及线夹检查

(1)螺栓紧固、无破裂。
(2)线夹外观无发黑、无破裂、无锈蚀。
(3)线索无发黑、无散股、无锈蚀氧化。

(六)瓦斯继电器

(1)两端连接无漏油,玻璃窗完好,冷凝水排水孔畅通。
(2)相关开关柜信号,信号指示正确。
(3)进行壳体、密封清洁及检查,壳体、密封干净,密封无漏油。
(4)继电器内所充的变压器油油位正常。
(5)各接点正常、动作良好,信号正确。
(6)连接电缆无锈蚀,绝缘良好。
(7)进行继电器功能测试,检查触点分合动作情况,报警信号正确,跳闸信号正确。

(七)油位表、温度表

(1)检查和检修油温表、绕组温度表外观、指针、二次接线。
(2)各部零件、连线应完好,指示正确。
(3)无锈蚀、破裂,连接固定。
(4)储油柜油位计,连杆在最低油位和最高油位时无卡滞现象,并可发出报警信号。

(八)变压器绝缘油

绝缘油油位应符合标准,变压器取油送检。

(九)进油阀、出油阀、蝶阀等阀门检查

阀门的转轴、挡板等部件应完整、灵活和严密,外壳无锈蚀等情况。

(十)压力释放阀检查

紧固法兰,防爆密封良好,膜片完整、无积尘,回路畅通。

(十一)变压器散热器检查

外表清洁,涂油、涂漆。

（十二）安装基础检查

对接地装置接地部件、现场基础接地装置、接地连接部件（电缆扁钢等）进行涂漆涂油、螺栓紧固。

三、小修（三年检）

（1）油温表、绕组温度表指示仪表、测量部件动作正确，指示、信号正确。

（2）有载开关绝缘油进行油过滤干燥，油绝缘耐压试验符合《电工流体 变压器和开关用的未使用过的矿物绝缘油》（GB 2536—2011）要求。

（3）老化、酸值、微水、色谱分析等符合《电工流体 变压器和开关用的未使用过的矿物绝缘油》（GB 2536—2011）要求。

（4）进行套管电容芯套管介损试验，进行油耐压试验，油耐压试验合格。

（5）对 110kV 套管（含中性点套管）放油孔等中的可调换胶垫加以更换，以保持密封良好，无渗漏。

（6）对接地装置接地体进行接地电阻测量。

（7）更换吸湿器吸附剂，新装吸附剂应干燥，颗粒不小于 3mm。

四、中修（六年检）

整体更换绝缘油，绝缘油耐压试验符合要求，老化、酸值、微水、色谱分析等符合要求。

第四节　35kV GIS 维护

35kV GIS 作为环网供电的主体，其设备性能稳定，日常维护以及小修、中修是必不可少的。

一、日常保养（日检）

（1）查看 REF542 装置：开关状态是否正常，是否有报警信息，电压及电流参数是否正常，并抄录数据。

（2）查看开关柜有关装置累计动作次数，并抄录数据。

（3）查看隔离开关、接地刀闸位置显示是否正常。

(4)查看开关柜带电显示指示是否正确。
(5)查看开关柜气压是否正常。
(6)查看开关柜低压室内二次接线是否有松动,控制电源是否正常。

二、小修(年检)

(一)结构外观检查

(1)结构、内部、外壳无生锈、无脱漆、无破损、无积尘、无脏污现象。
(2)柜门锁正常开、闭,无破损、无生锈、无卡滞。
(3)开关柜基础牢固,无倾斜、下沉、开裂等现象,各穿孔正常封堵。
(4)接地装置无松动、无生锈、无电弧烧黑、无磨损现象。
(5)各个密封面无松动现象,密封良好。
(6)防爆膜外观良好,没有破损现象,必要时,使用便携式检漏仪检测有无漏气现象。
(7)柜内各部件固定连接螺栓紧固,无生锈。

(二)断路器操作机构

断路器操作机构有无卡滞现象,动作指示应与实际动作次数相符。

(三)电流、电压互感器二次接线检查

二次接线应紧固,无锈蚀。

(四)加热功能检查

加热器接线应紧固、无松动,投入加热器时能够正常加热,且相关部件、接线无发热现象。

(五)备自投装置转换开关

备自投装置转换开关位置应指示正常。

三、小修(三年检)

(一)分合闸线圈

分、合闸线圈外观检查,无烧伤痕迹,装置动作正常,无卡滞现象。

(二)行程开关

目测外观无破裂,螺栓紧固且固定良好,操作无卡滞,信号正确。

（三）操作机构机械位置指示检查

各传动、螺栓等部件连接良好,机械分合闸指示正确,机械指示机构无破裂、无变形、无锈蚀、无卡滞现象。

（四）手动储能装置

对断路器进行手动储能后,储能指示器显示正常,机械传动无卡滞现象。

（五）断路器储能电机

接线良好无松动,电机绕组绝缘$\geq 0.5M\Omega$,断路器分合一次电机运转正常,无异常声响。

（六）分合闸脱扣装置

各机械传动部件、连接螺栓等部件、零件完好,无破裂、无变形、无锈蚀、无卡滞,结构完好、无缺损。

（七）闭锁功能测试

机械、电气联锁装置各部件外观清洁,各连接部件无变形、无破损、无生锈、无积尘;进行分、合闸,检查分合闸时与隔离开关、接地刀闸的联锁条件正确;机械闭锁正确,各电气、机械联锁条件正确。

（八）储能弹簧

表面光滑,无生锈、无变形,整体固定良好,安装牢固。

（九）分合位置辅助触点装置

外观清洁,辅助触点完好无损,插件安装紧固、牢靠,各接线端子连接良好、无松动现象,线缆整齐、无松动、无积尘。

（十）隔离刀闸、接地刀闸电机检查

电机接线良好,分合闸时运转正常无异响,拆掉开关柜端子排的接线端子,对电机绕组进行绝缘测试,绝缘电阻$\geq 0.5M\Omega$。

（十一）REF542装置保护校验

（1）REF542装置外观良好,输入输出插排、通信光纤接线、HMI面板连接可靠。

（2）REF542装置整定值需与保护定值单一致,并抄填在保护校验报告上。

(3)组合式电流电压传感器的二次抽头与 REF542 保护装置的连接线连接需正确、接触良好。

(4)保护动作出口、报警跳闸信号、联锁联跳(如果有)等功能应与设计相符。

(5)作业完毕,确保保护定值、保护投退情况、保护出口接线、电流输入端子正确、正常。

(十二)RED615 装置保护校验

(1)RED615 装置外观良好,输入输出插排、通信光纤接线、HMI 面板连接可靠。

(2)与组合式电流电压传感器的二次抽头的连接线连接正确、可靠。

(3)装置整定值与保护定值单一致。

(4)保护动作出口、报警跳闸信号、联锁联跳(如果有)等功能应与设计相符。

(5)作业完毕,确保保护定值、保护投退情况、保护出口接线、电流输入端子正确、正常。

四、中修(六年检)

(一)35kV GIS 中 SF6 气体微水测试

断路器灭弧室气室大修后不大于 150ppm(体积浓度单位:气体与气体中水分的体积比,用百万分之一计量,用 ppm 表示),运行中不大于 300ppm;其他气室大修后不大于 250ppm,运行中不大于 500ppm。

(二)避雷器预防性试验

(1)绝缘电阻数值应不低于 1000MΩ;

(2)测试直流电流 1mA 时,避雷器的直流参考电压 U(1mA)数值与初始值比较,变化不应大于 ±5%;

(3)75% 直流参考电压 U(1mA)下避雷器的泄漏电流数值不应大于 50μA。

(三)主回路直流电阻测量

回路电阻值应不大于 150μΩ。

(四)断路器的速度特性测试

(1)断路器合闸时间及三相合闸不同期时间:实测断路器合闸时间,35kV GIS 结果应在 53~67ms 之内,三相合闸不同期时间≤2ms。

(2)实测断路器最低动作电压,其结果应大于 65% 额定直流电压,即 143V。

（3）实测断路器分闸时间，其结果应满足 35kV GIS 开关柜在 30～45ms 之内，三相合闸不同期时间≤2ms。

（4）实测断路器最低动作电压，应大于 80% 额定直流电压，即 176V。

（五）电流互感器

（1）绝缘电阻值不低于出厂值或初始值的 70%，即 70%×2500=1750（MΩ）。

（2）电流互感器变比符合要求。

（3）电流互感器运行值应与制造厂值无明显变化。

第五节　干式变压器维护

干式变压器与油浸式变压器不同，属于户内变压器，保养维护也比油浸式变压器方便。本节主要介绍干式动力变压器、干式接地变压器、干式整流变压器的维护。

一、干式动力变压器维护

（一）日常保养（日检）

（1）查看动力变压器温控仪温度显示是否在正常范围内。

（2）查看动力变压器运行是否正常，声音是否为均匀的"嗡嗡声"，是否有放电现象。

（二）小修（年检）

（1）绕组三相挡位应一致。

（2）目视无发热、无电痕迹。

（3）螺栓紧固，连接片无生锈现象。

（4）绕组外观清洁，无破裂。

（5）进线/出线铜排绝缘子、各支撑件、上部或下部绝缘衬垫块目视无放电痕迹，绝缘衬垫块无破裂、无移位松动现象。

（6）低压柜与动力变压器出线之间连接导体螺栓紧固，目测无破裂及锈蚀等现象。

（7）箱体外壳（动力变）目视柜体无倾斜现象，基础孔洞封堵密实。

（8）接地良好，使用规定力矩坚固螺栓，并划防松标记。

（9）门锁灵活，无卡滞现象，螺栓紧固后，施喷防锈剂。

（三）中修（六年检）

1. 动力变压器绕组绝缘电阻测试

绝缘电阻换算至同一温度下，与前一次测试结果相比，应无明显变化，不得低于上次测试值的 70%。

2. 动力变压器绕组直流电阻测试

动力变压器直流电阻三相间差别不大于三相电阻平均值的 4%，线间差别不大于三相电阻平均值的 2%。

3. 动力变压器变压比误差测试

额定挡位下，变压器电压比允许偏差为 ±0.5%；其他挡位下，变压器电压比允许偏差 ±1%。

4. 动力变压器绕组接线组别检查

变压器绕组接线组别应正确。

二、干式接地变压器维护

（一）日常保养（日检）

（1）查看接地变压器温控仪温度显示是否在正常范围内。

（2）查看接地变压器运行是否正常，声音是否为均匀的"嗡嗡声"，是否有放电现象。

（二）小修（年检）

1. 接地变压器检查

（1）绕组三相应一致。

（2）目视无发热、放电痕迹。

（3）螺栓紧固，连接片无生锈现象。

（4）绕组外观清洁，无破裂。

（5）进线铜排绝缘子、各支撑件、上部或下部绝缘衬垫块目视无放电痕迹，绝缘衬垫块无破裂、无移位松动现象。

（6）目视柜体无倾斜，基础孔洞封堵密实。

（7）接地良好，使用规定力矩紧固螺栓，并划防松标记。

（8）门锁灵活、无卡滞现象，螺栓紧固后，喷施防锈剂。

2. 中性点接地电阻

（1）中性点电阻柜柜体检查：各部分清洁完好，外壳无严重锈蚀，柜体接地良好，基础支架应无严重破损、剥落情况。

（2）一次回路检查：电阻、连接电缆、绝缘子等紧固检修并清洁，要求连接部分螺栓紧固，连接螺栓力矩符合要求，无发热、无松动，接触良好；电阻支架及绝缘子无破损；进行绝缘电阻测量,电阻值符合厂家要求。

(三)中修(六年检)

1. 接地变压器绕组绝缘电阻测试

绝缘电阻换算至同一温度下,与前一次测试结果相比,应无明显变化,不得低于上次测试值的70%。

2. 接地变压器绕组直流电阻测试

接地变压器直流电阻三相间差别不大于三相电阻平均值的4%,线间差别不大于三相电阻平均值的2%。

3. 接地变压器变压比误差测试

额定挡位下,变压器电压比允许偏差为±0.5%;其他挡位下,变压器电压比允许偏差±1%。

4. 接地变压器绕组接线组别检查

接地变压器绕组接线组别应正确。

三、干式整流变压器维护

(一)日常保养(日检)

(1)查看整流变压器温控仪温度显示是否在正常范围内。

(2)查看整流变压器运行是否正常,声音是否为均匀的"嗡嗡声",是否有放电现象。

(二)小修(年检)

(1)绕组三相应一致。

(2)目视无发热、放电痕迹。

(3)螺栓紧固,连接片无生锈现象。

(4)绕组外观清洁,无破裂。

(5)进线/出线铜排绝缘子、各支撑件、上部或下部绝缘衬垫块目视无放电痕迹,绝缘衬垫块无破裂、无移位松动现象。

(6)接地良好,使用规定力矩紧固螺栓,并划防松标记。

(7)门锁灵活,无卡滞现象,螺栓紧固后,施喷防锈剂。

(三)中修(六年检)

1. 整流变压器绕组绝缘电阻测试

绝缘电阻换算至同一温度下,与前一次测试结果相比应无明显变化,不得低于上次测试值的 70%。

2. 整流变压器绕组直流电阻测试

整流变压器直流电阻三相间差别不大于三相电阻平均值的 4%，线间差别不大于三相电阻平均值的 2%。

3. 整流变压器变压比误差测试

额定挡位下变压器电压比允许偏差为 ±0.5%，其他挡位下变压器电压比允许偏差 ±1%。

4. 整流变压器绕组接线组别检查

整流变压器绕组接线组别应正确。

5. 整流变压器绕组变形试验

与出厂绕组变形曲线对比，判断绕组是否变形。

第六节　整流器维护

整流器肩负着将交流电变为直流电的责任，其设备状态直接影响直流的输出，因此整流器的设备维护十分重要，主要维护项目有一次维护、二次维护、保护校验等。

一、日常保养（日检）

查看整流器显示屏上温度显示是否正常，并抄录数据；查看电流电压值，其应符合标准。

二、小修（年检）

（1）二极管外观用酒精除尘或电子仪器清洁剂清洁，螺栓紧固检查。
（2）阻容元件外观用酒精除尘或电子仪器清洁剂清洁，进行熔断检查，螺栓应紧固。
（3）二次回路端子排螺栓紧固。
（4）进行绝缘支撑件外观破损检查、固定检查。
（5）正负极母排外观用酒精除尘或电子仪器清洁剂清洁。
（6）电缆出线端外观应无锈蚀，检查散股情况；检查螺栓紧固情况。

三、小修（三年检）

1. 温度保护

过温（大于 100℃）报警，超温（大于 130℃）跳闸。

2. 二极管保护

熔断器熔断后报警继电器能够正常动作,二极管熔断显示单元显示熔断器故障编号与实际编号对应,306A(306B)/307A(307B)处报警信号正确。

3. 逆流保护

逆流保护能够正确动作。

4. 主回路绝缘电阻测量

实测的整流器主回路绝缘电阻需不小于5MΩ。

5. 均流试验

实测的整流器各桥臂的均流系数均需不小于0.9;额定挡位下变压器电压比允许偏差为±0.5%,其他挡位下变压器电压比允许偏差±1%。

6. 框架对地绝缘电阻测试

实测的框架对地的绝缘电阻需不大于2MΩ。

第七节　直流1500V系统维护

直流1500V系统设备包含许多,本节主要介绍直流1500V开关柜、断路器、钢轨电位限制装置、制动能耗装置的维护。

一、直流1500V开关柜维护

(一)日常保养(日检)

直流1500V进/馈线柜巡视:查看进线柜母线电压、馈线电压、馈线电流是否正常,并抄录数据;查看指示灯是否指示正确:红色为合位,绿色为分位。

(二)小修(年检)

(1)对进馈线柜、端子柜进行二次维护。
(2)维护开关柜PLC、SEPCOS保护装置。
(3)检查表计、指示灯。
(4)检查并紧固低压室柜内各个组件接线(含通信线)。
(5)检查并紧固低压室二次端子排接线。
(6)检查并紧固直流小车本体二次端子排接线。
(7)检查直流小车本体二次元器件。

(三)小修(三年检)

1. 直流进线开关柜保护校验

检查保护装置面板上的保护整定值是否与保护定值单上的一致;检查保护投退情况,检查保护出口是否正常。

2. 直流馈线开关柜保护校验

SEPCOS装置外观良好,输入输出插排、通信线接线均正常;根据保护定值单、保护校验报告,核对SEPCOS装置整定值、保护、其他功能投退的正确性。

3. 制动能量消耗装置馈线219开关保护校验

检查保护装置面板上的保护整定值是否与保护定值单上的一致,检查保护定值、保护投退情况、保护出口接线、电流输入端子应正确、正常。

4. 电流型框架保护

(1)进线、馈线柜电流型框架保护、整流器、负极柜电流型框架保护均可正常动作。

(2)SEPCOS、本所直流牵引系统和35kV GIS整流器柜以及邻所相应馈线开关柜的信号、动作正确,验证联跳、闭锁功能;电流继电器接线良好、牢固,工作正常。

5. 电压型框架保护

SEPCOS、继电器的信号以及动作情况正常,联跳、闭锁功能正常;电压继电器接线良好、牢固,工作正常。

6. 绝缘电阻检测

二次回路对地的绝缘电阻大于1MΩ。

7. 无间隙避雷器绝缘电阻测试

用电子式绝缘测试仪或机械摇表进行绝缘电阻测试,绝缘电阻不低于1000MΩ。

8. 直流1mA下的直流参考电压 U(1mA)的测试

用直流发生器进行避雷器特性测试,U(1mA)实测值在经验值(2.7～2.9kV)之间。

9. 75%直流参考电压 U(1mA)下避雷器的泄漏电流测试

直流发生器进行避雷器泄漏电流测试,电流不应大于50μA。

二、断路器维护

(一)小修(年检)

1. 外观检查

(1)灭弧罩底座外观清洁,无积尘、无弧黑。

(2)左、右隔弧板无弧黑和积灰,无破裂,无变形。

(3)上、下接线端子连接紧固,铜排表面光滑,无过流痕迹。

(4)动触头无明显烧损,无熔银,无弧黑和积灰。

(5)叉件、推杆、锁扣活动灵活,绝缘器绝缘良好。

(6)主回路触指不变形、无移位、无异常松动、无弧黑和积灰。

(7)灭弧罩、灭弧挡板、灭弧罩金属灭弧栅、灭弧罩大树脂灭弧栅片、灭弧罩小树脂灭弧栅片无弧黑和积灰。

(8)灭弧罩前、后角形导弧底板无锈蚀无破裂,截面积不小于 20mm×4mm。

(9)小车手动操作机构润滑、无锈蚀,操作灵活、无卡滞,限位准确。

(10)小车外观、测试回路电气连接螺栓紧固,无生锈、无破裂,插头连接可靠,表面清洁、无脱漆,小车推入、拉出灵活,活门动作、推进轨道、闭锁组件良好;挡板良好,挡板工作拐臂连接良好。

(11)柜体运行编号标识正确,设备铭牌清楚,外表无明显变形,油漆无脱落。

(12)线路测试装置、分流器、分压器接线端子紧固、无松动,无烧损、无积尘、无破裂。

2. 功能检查

(1)手车与柜体机械闭锁、手车与柜体电气闭锁良好。

(2)柜体凝露控制器、加热器进行接线端接线,无过热、发黑、生锈现象,端子紧固,发热部件螺栓紧固;投入后正常加热。

(3)主母排、绝缘安装垫及所有绝缘子清洁、无积尘,与地绝缘良好。

(二)中修(三年检)

(1)合闸回路电阻、主回路不变形,无松动、无移位、无异常松动、无弧黑和积灰,测试回路螺栓紧固、无生锈、无破裂。

(2)直流断路器合闸线圈的电阻值换算至 20℃时,应在 7.8Ω 之内,误差为 ±8%。

(3)合闸保持电阻标称值应为 210Ω 之内,误差为 ±10%。

(4)导电回路直流电阻的电阻值不大于 60μΩ。

(5)直流断路器断口之间、导电部分对地之间的绝缘电阻不小于 250MΩ。

(6)断路器分合闸时间试验(断路器的速度特性)。

(7)合闸线圈最小保持电流在 0.35~0.63A 之内。

(8)合闸线圈最低动作电流不大于 7.6A。

(9)断路器合闸时间范围为 150ms±15ms;

(10)断路器分闸时间小于 30ms。

三、钢轨电位限制装置维护

(一)日常保养(日检)

(1)查看钢轨电位限制装置的电压值、电流值。

(2)查看钢轨电位限制装置 U>、U>>、U< 的定值是否正常。

（3）查看钢轨电位限制装置故障指示灯是否有显示，U>、U>>、U< 是否动作。

（二）小修（年检）

（1）接触器外观应无明显的损坏，无裂纹、无破损、无脏污；接触器刀闸接触良好，接触面大于标准面的 2/3。

（2）控制小空气开关、电阻元件、晶闸管外观应无明显的损坏，无裂纹、无破损、无脏污；接线无积尘。

（3）各电气连接部分（重点紧固连接端子）连接紧固，接触良好；各种表计、指示灯指示正确，无破损。

（4）二次端子排接线及一次连接部分端子连接牢固，接触良好；保护装置无积尘。

（三）小修（三年检）

1. 保护校验

（1）长期短路 $U<5V$

在钢轨电位限制装置短路，即（合闸）的情况下，加一个大于 5V 的电压，钢轨电位限制装置应发出故障信号。

（2）延时短路 $U>90V$

输入直流 90V 电压时，钢轨电位限制装置合闸，依次加压合闸 3 次（其中前一次动作恢复后距后一次动作的时间间隔不超过 1min），永久闭锁；输入直流 90V 电压时，钢轨电位限制装置合闸，依次加压合闸 3 次（其中有一次动作恢复后，距离后一次动作时的时间间隔超过 1min），钢轨电位限制装置不应闭锁；检查信号、继电器、计数器是否正常。

（3）无延时短路 $U>>150V$

输入直流 150V 电压，无延时，钢轨电位限制装置合闸，闭锁分闸；检查信号、继电器、计数器是否正常。

2. 接触器试验

测试电压选择为 5kV，测试时间持续 1min 内，无任何放电及击穿现象。

3. 晶闸管通断功能试验

按触发板所设晶闸管触发值，测试其导通值的准确性和导通灵敏性。

四、制动能耗装置维护

（一）日常保养（日检）

（1）查看并记录斩波柜装置电压、电网电压、吸收电流以及 IGBT 温度值。

（2）查看制动能耗装置有无故障、指示是否正确：刀闸指示红色为合位，绿色为分位；系统正常运行时指示灯为绿灯，故障时红色故障灯亮。

(二)小修(年检)

1. 斩波控制柜

(1)IGBT 组件无积尘、不变形,无松动,绝缘树脂无爆裂、滤波电容无放电、无移位、无异常松动、无弧黑现象。

(2)支路隔离开关不变形,无松动、无弧黑和积尘,合闸时触头间处于水平状态。

(3)熔断器、电压传感器、电流传感器、保护控制单元下位机、保护控制单元上位机整机解体检查均无松动、无移位和积尘。

(4)主回路母排、辅助回路连接紧固,无变形,无松动、无移位、无异常松动、无弧黑和积尘。

(5)设备安装基础安装牢固、接地良好、无严重破损剥落,柜体无松动、柜门无变形、柜内清洁无积尘,绝缘部件无积尘、无破损。

2. 隔离开关

(1)直流接触器触头、直流接触器陶瓷板、直流接触器、预充接触器良好无弧黑和积灰。

(2)隔离开关刀闸螺栓、绝缘部件不变形,无松动、无弧黑和积灰。

(3)滤波电抗器、滤波电容器、避雷器不变形,无松动、无弧黑和积尘。

(4)电压、电流传感器无松动、无移位和积尘。

(5)主回路母排、辅助回路连接紧固,无积尘。

(6)柜体无松动、柜门无变形、柜内清洁无积尘,绝缘部件无积尘、无破损。

(7)电动、手动分合功能正常,信号指示正确,合闸时触头间水平。

3. 电阻柜

(1)一次主回路、二次辅助回路不变形,无松动、无移位、无异常松动、无弧黑和积灰。

(2)电阻支路各种支撑、固定用绝缘子表面清洁、无弧黑和积灰,无变形、无松动、无断裂。

(3)电阻柜盖板标识字体无脱落,正确、清晰,不变形,无松动、无移位和积灰。

(4)温度保护装置外观、内部无积尘、二次接线连接可靠。

(5)柜体无松动、柜门无变形、柜内清洁无积尘,绝缘部件无积尘、无破损。

(三)小修(三年检)

1. IGBT 温度校验

拔下 IGBT 各支路温感探头,逐个对其进行升温,测试三段温度值是否有报警动作。

2. 熔断器保护校验

用毫伏发生器连接控制装置模拟电网电压,调节(增大)毫伏发生器的输出电压(电流)使 KM1 合闸。拉开熔断器试验按钮。

3. 失压保护校验

用毫伏发生器模拟电网电压和装置电压,同时调节(增大)毫伏发生器的输出电压(电流)使 KM1 合闸。同时逐渐调节(减少)毫伏发生器的输出电压(电流),直至失压保护动作,读取上位机上电网电压值。

4. 过压保护校验

毫伏发生器模拟电网电压和装置电压,同时调节(增大)毫伏发生器的输出电压(电流),直至过压保护动作,读取上位机上电网电压值。

5. 过流保护校验

用毫伏发生器模拟吸收电流,逐渐调节(增大)毫伏发生器的输出电流。直至过流保护动作,读取上位机上吸收电流值。

6. 短路保护校验

模拟电网电压,当装置电压低于 KM1 启动电压值时,逐渐调节(减小)毫伏发生器的输出电流,直至短路保护动作。

7. 电源模块故障状态校验

模拟各电源模块故障状态,信号指示及报警信号正确。

8. 电阻柜温度保护功能校验

校验温度定值以及保护的准确性。

9. 斩波控制柜

(1)主回路母排耐压测试:使用交流工频耐压测试仪,用 5750V 的测试电压测试 1min,斩波器柜主回路的高压部分、装置相互绝缘的带电体之间及对地不出现任何击穿现象。

(2)辅助回路耐压测试:使用交流工频耐压测试仪,用 1500V 的测试电压测试 1min,斩波器柜辅助回路部分、装置相互绝缘的带电体之间及对地耐压不出现任何击穿现象。

10. 隔离开关

(1)主回路母排耐受电压测试:使用交流工频耐压测试仪,用 5750V 电压测试 1min,隔离开关回路的高压部分、装置相互绝缘的带电体之间及对地耐压不出现任何击穿现象。

(2)辅助回路耐受电压测试:使用交流工频耐压测试仪,用 1500V 电压测试 1min,隔离开关柜辅助回路部分、装置相互绝缘的带电体之间及对地耐压不出现任何击穿现象。

11. 电阻柜

(1)主回路母排耐受电压测试:使用交流工频耐压测试仪,用交接试验值的 0.8 倍(即 5750V×0.8=4600V)测试 1min,隔离开关柜辅助回路部分、装置相互绝缘的带电体之间及对地耐压不出现任何击穿现象。

(2)辅助回路耐受电压测试:使用交流工频耐压测试仪,用 1500V 电压测试 1min,隔离开关柜辅助回路部分、装置相互绝缘的带电体之间及对地耐压不出现任何击穿现象。

第八节　交流 400V 系统维护

交流 400V 系统主要为机电设备提供动力照明电源,日常维护简单方便。除日常保养外,需要进行开关柜的一次、二次维护。

一、日常保养(日检)

(1)检查400V低压主开关分/合位状态指示、母联备自投开关位置是否正常;红色为合位,绿色为分位,母联开关正常,位于自投位。
(2)检查400V主开关各类定值是否正常投/退,定值是否正常。
(3)检查400V低压抽屉开关分/合位状态及指示是否正常,红色为合位,绿色为分位。
(4)抄录各类参数:各相电流值、各段母线电压值、各段功率因数、电度。

二、小修(年检)

(一)框架式开关柜检查

(1)断路器无卡滞、无锈蚀,固定牢固。
(2)框架外壳无破裂、无脱漆、无脏污、无变形现象,安装螺栓应紧固。
(3)操作断路器分合核查柜体面板指示、操作机构本体指示、SCADA系统与设备分位或合位位置对应。
(4)储能指示器显示应正常,机械传动无卡滞。
(5)操作机构分合闸脱扣装置各部分零件完好,无破裂、无变形、无锈蚀、无卡滞。
(6)电气、机械各分、合闸3次,检查分合闸操作均到位,动作指示正确,各部件无异常。
(7)保护装置整定值应正确。

(二)开关柜检查

(1)监控单元运行正常。
(2)母联自投自复功能测试正常,无故障报警情况。
(3)正确实现自投、自复功能。
(4)插接口紧固,无发黑、无破裂、无过热,安装固定整齐。
(5)同期红外测温数据无明显变化。
(6)二次回路继电器、接触器外观清洁,接线紧固,无积尘、无锈蚀,接线紧固、整齐。
(7)二次回路保险管、熔断器外观清洁,接线紧固,无积尘、无锈蚀,接线紧固、整齐。
(8)二次回路端子排、配线接线紧固,无积尘、无锈蚀,接线紧固、整齐。
(9)二次回路空气开关接线紧固;无积尘、无锈蚀,接线紧固、整齐。
(10)二次回路转换开关、行程开关、按钮无积尘、无锈蚀,接线紧固、整齐。

第九节 交直流屏系统维护

交直流屏系统负责提供设备的加热照明电源以及控制回路的直流电源。交直流屏系统的维护分为直流屏维护、交流屏维护以及充电屏维护。

一、日常保养（日检）

（1）检查交直流屏各空开状态及指示灯是否正常。
（2）检查交直流屏上各类表计电流、电压、功率显示是否正常。
（3）检查蓄电池单体电压值是否正常。

二、小修（年检）

（一）直流屏维护

（1）一次回路直流盘硅链降压功能测试，降压功能正常。
（2）检修一次线路、绝缘子、空气开关、接触器、继电器、CT等，并保持清洁。
（3）检查直流屏正、负极对地绝缘电阻。
（4）检查蓄电池交流进线开关、充电机两路交流进线电源切换功能。
（5）检查外观及安装基础。
（6）检修盘面各指示灯、按钮开关、仪表等装置。
（7）端子排螺栓应紧固；螺栓紧固、连接线无松动。
（8）检修端子排出线电缆标志。

（二）交流屏维护

（1）检查逻辑控制单元手动及自投自复功能。
（2）检修一次线路、绝缘子、空气开关、接触器、继电器、CT等，并用抹布蘸取酒精或电子仪器清洁剂清洁。
（3）检查交流屏的相间、相对地绝缘。
（4）检查交流盘的外观检查及安装基础。
（5）检修盘面各指示灯、按钮开关、仪表等装置。
（6）端子排螺栓紧固；螺栓紧固、连接线无松动。
（7）检修端子排出线电缆标识。

（三）充电屏维护

（1）用抹布蘸取酒精或电子仪器清洁剂清洁充电机模块前面板和风扇上的灰尘。
（2）测试充电机功能。
（3）检查、紧固各电气连接部分。

(4) 检查充电机各模块输出电流均流。
(5) 检查充电机与集中监控器通信情况。

第十节　电力监控系统维护

电力监控系统负责对全所设备的监测及控制。通常电力监控系统维护分为日检和季检两种类型。

一、日常保养（日检）

（1）查看 C306L（通信控制器）装置是否正常,具体包括:查看状态指示灯是否正常闪动;查看各装置控制电源状态是否正常。

（2）查看 D200（通用测控装置）装置是否正常,具体包括:查看状态指示灯是否正常闪动;查看各装置控制电源状态是否正常。

（3）查看 NS3000（计算机监控系统）操作界面,具体包括:查看画面显示各类设备状态及参数是否正常;打开界面"简报"菜单,查看是否有故障报警信息。

二、小修（季检）

（1）检查电力监控装置外观、综控屏柜后输入输出插排、通信接线是否正常。

（2）将综合自动化系统关闭、计算机关机后,断开监控工作站空气开关,进行以下检修工作:

①用一字形螺丝刀将 CP 盘电脑显示屏后方的 4 个螺丝拆卸掉,两人协作,以防显示屏摔落损坏。

②将拆卸后的显示屏平放在地面上,用抹布蘸酒精擦拭,确保外观清洁。

③用十字形螺丝刀拆卸显示屏后的风扇盖板,用吹风机清洁风扇,并用酒精擦拭扇叶。

④清洁完毕后,重新固定显示屏到综控屏上。

（3）进行端子排配线外观清洁检查,接线应紧固、无积尘、无锈蚀,接线整齐。

（4）将监控工作站电源合闸,计算机自动开机后,重新启动综合自动化系统,恢复到作业前状态。

第四章　典型供电设备故障处理

岗位应知应会

1. 了解故障的种类。
2. 熟悉故障处理方法。
3. 掌握故障处理思路。

重难点

重点：相同故障，故障处理方法不同。
难点：故障处理思路的建立。

本章对 35kV GIS、整流机组、直流 1500V 开关柜、制动能耗装置、400V 低压开关柜等设备的常见故障及处理方法进行简单介绍。通过对本章的学习，可使大家对故障处理方法有更深入的了解。故障处理方法因设备原理、故障现象以及个人思路及经验的不同而有所区别，本章设备故障处理是基于日常运行维护及故障处理的经验编制，供大家参考。本章涉及的开关编号以基础知识篇所描述的开关编号原则为准。

第一节　35kV GIS 常见故障及处理方法

35kV GIS 主要故障有断路器无法电气合闸、无法电气分闸或者三工位隔离开关无法操作等，出现这些故障时，应本着先通后复的原则处理故障。35kV GIS 常见故障及处理方法见表 4-1。

35kV GIS 常见故障及处理方法　　表 4-1

序号	故障描述	处　理　方　法
1	断路器无法电气合闸，合闸脱扣器不动作	测量断路器控制电源电压是否低于额定值的 65%。若低于额定值的 65%，查找电源故障原因。断路器可进行机械合闸
		查看保护装置合闸输出是否正常，可使用万用表测量保护装置输出口，当按下电气合闸按钮后，保护装置输出口有输出，可判断保护装置正常；保护装置输出口无输出，可判断保护装置有故障。重启保护装置还无法恢复，即可先更换保护装置，再深层查找原因
		检查闭锁回路，查看三工位隔离开关操作机构挡板是否关上。若未合上，合到位后，在隔离开关分闸的前提下，电气合断路器进行测试
		可能为合闸脱扣器故障，测量合闸脱扣器的阻值

续上表

序号	故障描述	处理方法
1	断路器无法电气合闸,合闸脱扣器不动作	可能为整流桥故障,测量整流桥的通断情况
		可能为合闸闭锁电磁铁故障,测量合闸闭锁电磁铁的阻值
		可能为辅助开关不到位,闭锁电磁铁的电吸合后,测量辅助开关的通断情况
2	断路器无法电气分闸,分闸脱扣器不动作	测量断路器控制电源电压是否低于额定值的65%。若低于额定值的65%,查找电源故障原因。断路器可进行机械分闸
		查看保护装置分闸输出是否正常,可使用万用表测量保护装置输出口,当按下电气分闸按钮后,保护装置输出口有输出,可判断保护装置正常;保护装置输出口无输出,可判断保护装置有故障。重启保护装置还无法恢复,即可先更换保护装置,再深层查找原因
		检查分闸回路是否故障,若不正常,断路器可进行机械分闸
		测量分闸脱扣器的阻值,若阻值偏大,更换分闸脱扣器
		测量分闸辅助开关触点通断情况
		测量整流桥的通断情况,若整流桥故障,更换整流桥
3	三工位隔离开关操作机构故障	操作机构故障,短时间无法更换机构,三工位隔离开关可通过机械摇把摇至合闸
4	电动无法储能,但可以手动储能	未储能状态下,卸下操作面板后检查储能限位开关的两对辅助接点是否导通
		打开断路器面板,测量储能电机电阻

第二节 整流机组常见故障及处理方法

整流机组故障一般有温度过高、短路、熔断器熔断等。根据故障情况判断相应的原因及处理方法。其处理方法见表4-2。

整流机组常见故障及处理方法 表4-2

序号	故障描述	处理方法
1	温度过高报警	(1)环境温度过高:打开室内排风扇,增加排风量和速度; (2)通风网孔堵塞,通风条件不好,清扫通风网孔; (3)负荷过大:减少牵引车对数; (4)控制回路故障:检查控制电源和线路
2	熔断器熔断报警	此时整流机组尚可继续运行,但需严格控制负载情况,记录损坏位置,尽快更换熔断器
3	二极管保护动作跳闸	更换通过逆向短路电流的二极管和熔断器,同时检查其他通过正向短路电流的二极管是否损坏
4	整流器报警	根据液晶显示屏提示信息记录故障二极管
5	整流器电源故障报警	检查电源模块,若有问题更换电源模块
6	单台整流变压器故障	退出故障整流机组,由另一套整流机组供电
7	同一所内两台整流变压器故障	退出该变电所两套整流机组,该所直流牵引部分退出运行,该变电所供电的接触网供电臂单边供电或合越区开关大双边供电
8	整流变温控箱故障,导致306、307保护勿动作	用测温枪检查整流变温度在正常范围内的,退出故障温控箱,对306、307试送电

第三节　直流 1500V 开关柜常见故障及处理方法

直流 1500V 开关柜一次故障主要有直流断路器无法分合闸、绝缘故障、机械故障、过热等情况。常见故障处理方法见表 4-3。

直流 1500V 开关柜常见故障及处理方法　　　　表 4-3

序号	故障描述	处理方法
1	直流断路器线路测试未通过（详见第二章第六节线路测试原理）	若对侧线路测试已通过，并成功送电，采用直接合闸
		若对侧线路测试也未通过，试验位试送
2	直流断路器合闸不成功	查看故障指示灯是否有故障未复归
		查看是否是保护及其他回路故障，退出故障回路
		摇至试验位测试是否能合闸
		如果是小车本体回路故障，更换备用小车
3	直流开关柜保护动作联跳对侧	重合闸成功，运营结束后检查设备
		重合闸不成功：两侧均试送一次；若试送成功，运营结束后检查设备；对侧试送成功，本侧试送不成功，判为本侧开关柜故障或保护误动，解除双边联跳功能，采用直接合闸
		一侧重合闸成功，另一侧重合闸不成功，解除双边联跳功能，运营结束后检查重合闸不成功原因
4	小车无法拉至试验位	检查动静触头是否烧熔、粘连在一起，是否有短路电动力造成断路器变形，若粘连在一起则必须在直流 1500V 停电后方可检查处理
5	灭弧室被烧坏、动静触头熔化	检查短路电流情况是否近端短路、上一级是否越级跳闸
6	航空触头、测试触头烧毁	检验是否航空触头接触不良，长期过负荷触头发热、短路电流作用，测试装置动作时有大的短电流或负荷电流
7	开关柜着火，爆炸	检验是否断路器长期分合短路电流、断路器分合短路电流次数已超过额定值；开关柜灭弧室故障，不能进行有效熄灭电弧，若开关柜出现爆炸、着火时，必须立即停电进行灭火，并通知环控打开抽风机排出毒气

第四节　制动能耗装置常见故障及处理方法

制动能耗装置常见故障有设备无法启动、IGBT 温度保护跳闸、IGBT 过流保护等。制动能耗装置常见故障及处理方法见表 4-4。

制动能耗装置常见故障及处理方法　　　　表 4-4

序号	故障描述	处理方法
1	设备不能启动	(1) 更换按钮开关和门锁开关； (2) 检查直流电源及各电源值； (3) 重新启动

续上表

序号	故障描述	处理方法
2	IGBT过流保护	(1) 检查IGBT； (2) 检查续流管； (3) 检查驱动电源电压是否正常
3	过流、过压启动	(1) 检查传感器特性； (2) 检查电源是否正常； (3) 更换控制板
4	设备误投入吸收状态或不投入吸收状态	(1) 更换传感器和隔离放大器； (2) 更换电容； (3) 更换控制板
5	IGBT温度保护	(1) 检查IGBT电压、电流波形并更换； (2) 更换温控开关
6	预充不闭合	(1) 检查线路接触器； (2) 更换继电器
7	线路接触器不闭合或保持不住	更换相应元件
8	支路无吸收电流	(1) 更换IGBT； (2) 检查驱动器输入、输出脉冲； (3) 检查吸收电阻； (4) 更换光缆； (5) 更换控制板
9	上位机不执行工作	(1) 检查直流24V的工作状况； (2) 检查快速断路器联锁； (3) 查线； (4) 检查程序
10	快速断路器跳闸	检查短路点

第五节　400V低压开关柜常见故障及处理方法

400V低压开关柜常见故障有过负荷、二次回路故障、机械故障等。常见故障及处理方法见表4-5。

400V低压开关柜设备常见故障及处理方法　　表4-5

序号	故障描述	处理方法
1	母线过负荷或相间短路	检查母线段母排有无明显接地点或母线相间是否有短路现象
2	断路器无法合闸	检查储能电机的绝缘及直阻是否满足要求，若确认电机损坏则应更换 确认控制回路电源是否正常，然后再检查接线端子接触是否良好
3	抽屉跳闸或故障报警	检查下级电缆是否破损，绝缘是否偏低等
4	抽屉合闸送电后显示无电	主开关辅助触点各常开、常闭接点是否正常。若异常则更换备件；检查辅助触点与主开关的机械配合是否紧凑
5	抽屉主开关无法旋到合闸位	查看操作机构与旋钮连接部件是否完好

第五章　供电通用维修工具及仪器仪表的使用

岗位应知应会

1. 了解供电通用维修工具的不同类型。
2. 掌握供电通用维修工具的使用方法及注意事项。
3. 掌握供电通用维修仪器仪表的使用方法及注意事项。

重难点

重点：维修工具的使用方法。
难点：维修工具的实际操作。

常用工器具、仪表是供电系统检修维护的重要工具，正确使用工器具不仅能够及时、高效处理设备存在的问题，而且对保障设备的正常运行具有重要意义。常用维修工具有：螺丝刀类、钳类、扳手类、电烙铁、吸锡器、安全带等。常用仪器仪表有万用表等。

第一节　常用维修工具

一、螺丝刀类工具基本介绍

（一）常用螺丝刀种类

常用螺丝刀包括：一字螺丝刀、十字螺丝刀、电动螺丝刀。另外，电工刀作为常用刀类工具，也在此处进行介绍。

（二）使用方法及注意事项

1. 一字螺丝刀

（1）组成

一字螺丝刀包括刀身和手柄，如图 5-1 所示。

（2）一般要求

刀杆应牢固、可靠地固定在手柄中。刀杆应无剥落、疤痕、重叠、裂纹等影响其使用寿命和操作性能的缺陷。

(3) 对称性

刀头端部平面其宽度方向必须与旋杆轴中心线垂直，其宽度方向不垂直度不得大于2°，其厚度方向不垂直度不得大于6°，头部锥度应对中，其偏差在中心线的5°以内。

(4) 使用方法

将螺丝刀拥有特化形状的端头（即刀口）对准螺丝的顶部凹坑，固定，然后开始旋转手柄。使用时，应垂直于物体表面，以防损伤螺丝。在使用时，应选用相对应、同规格的类型。根据规格标准，顺时针方向旋转为嵌紧，逆时针方向旋转则为松出。

2. 十字螺丝刀

(1) 组成

十字螺丝刀包括刀身和手柄，如图 5-2 所示。

图 5-1　一字螺丝刀　　　　图 5-2　十字螺丝刀

(2) 一般要求

刀杆应牢固，可靠地固定在手柄中。刀杆应无剥落、疤痕、重叠、裂纹等影响其使用寿命和操作性能的缺陷。

(3) 对称性

刀头端部平面其宽度方向必须与旋杆轴中心线垂直，其宽度方向不垂直度不得大于2°，其厚度方向不垂直度不得大于6°，头部锥度应对中，其偏差在中心线的5°以内。

(4) 使用方法

将螺丝刀拥有特化形状的端头（即刀口）对准螺丝的顶部凹坑，固定，然后开始旋转手柄。使用时，应垂直于物体表面，以防损伤螺丝。在使用时，应选用相对应、同规格的类型。根据规格标准，顺时针方向旋转为嵌紧，逆时针方向旋转则为松出。一字螺丝批可以应用于十字螺丝。但十字螺丝拥有较强的抗变形能力。

3. 电动螺丝刀

(1) 正确使用电动螺丝刀

电动螺丝刀适用于转入及转出螺丝，也可用于木材、金属及塑胶钻孔。电动螺丝刀如图 5-3 所示。

(2) 注意事项

① 戴上护目镜。

② 每次使用电动螺丝刀之前，都必须检查机器及蓄电池，蓄电池标称电压必须与机器铭牌上规格一致。

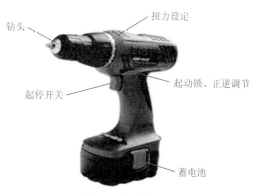

图 5-3　电动螺丝刀

③对电动螺丝刀进行任何修护工作之前,都必须先取下蓄电池。

④无论是在更换钻头,还是在安装蓄电池或携带及存放时,都必须将转向变换键调整在中间的位置(即起动锁处)。

⑤使用之前,必须检查蓄电池是否安装妥当。

(3)使用方法

①更换钻头。打开夹头至可以插入钻头为止,装好后握住后套筒,并以手旋紧前套筒。

②安装蓄电池。把正逆转开关调整在中央位置(起动锁),将充好电的蓄电池推入手柄,卡牢为止。

③设定扭力。使用扭力设定环,有 5 段扭力可调,1 段属于弱段,例如,旋转小的螺丝,或是松软的材料;5 则属于强段,例如,旋转大的螺丝,或是坚硬的材料。

④起动 / 停止电钻。对准螺丝,按下起停开关来开动电钻,起停开关的施力大小可以改变转速:施力小,转速低,起动容易控制,勿让电钻因承受过大的负荷而停止运转。转出螺丝后,放开起停开关,则电钻停止。

⑤变换转向。当电动螺丝刀不工作时,方能操作正逆转向开关,使用转向开关可改变电动螺丝刀的转向(即转出或转入螺丝及物体)。

4. 电工刀

电工刀如图 5-4 所示。电工刀使用注意事项如下:

图 5-4　电工刀

(1)电工刀不用时,注意要把刀片收缩到刀把内,防止刀刃割别的杂物。

(2)用电工刀剖削电线绝缘层时,可把电工刀略微翘起一些,用刀刃的圆角抵住线芯。切忌把刀刃垂直对着导线切割绝缘层,因为这样容易割伤电线线芯。

(3)导线接头之前,应把导线上的绝缘剥除。用电工刀切剥时,刀口千万别伤着线芯。常用的剥削方法有级段剥落和斜削法。

(4)电工刀的刀刃部分要磨得锋利,才能剥削好电线。但不可太锋利,太锋利容易削伤线芯;磨得太钝,则无法剥削绝缘层。

(5)对双芯护套线的外层绝缘的剥削,可用刀刃对准两芯线的中间部位,把导线一剖为二。

(6)用电工刀剥削电缆外皮时,力度应适中,刀口向外,以防止造成伤害。

二、钳类工具基本介绍

(一)常用钳种类

常用钳类包括:钢丝钳、尖嘴钳、斜口钳、剥线钳、压线钳。

(二)使用方法及注意事项

1. 钢丝钳

钢丝钳如图 5-5 所示。

使用钢丝钳常用右手操作。将钳口朝内侧,便于控制钳切部位,用小指伸在两钳柄中间来抵住钳柄,张开钳头,这样可灵活分开钳柄。电工常用的钢丝钳有 150mm、175mm、200mm 及 250mm 等多种规格,可根据内线或外线工种需要,选购相应规格的钢丝钳。钢丝钳的齿口也可用来紧固或拧松螺母。钳子的刀口可用来剖切软电线的橡皮或塑料绝缘层,钳子的刀口也可用来切剪电线、铁丝。剪 8 号镀锌铁丝时,应用刀刃绕表面来回割几下,然后只需轻轻一扳,铁丝即断。铡口也可以用来切断电线、钢丝等较硬的金属线。钢丝钳的绝缘塑料管耐压必须在 500V 以上,以保护人身安全。

2. 尖嘴钳

尖嘴钳如图 5-6 所示。

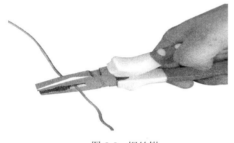

图 5-5 钢丝钳

图 5-6 尖嘴钳

尖嘴钳主要用来剪切线径较细的单股与多股线,以及给单股导线接头弯圈、剥塑料绝缘层等,能在较狭小的工作空间操作;不带刃口者只能夹捏工作,带刃口者能剪切细小零件;一般用右手操作,使用时握住尖嘴钳的两个手柄,开始夹持或剪切工作。

3. 斜口钳

斜口钳如图 5-7 所示。

斜口钳主要用于剪切导线、元器件多余的引线,还常用来代替一般剪刀剪切绝缘套管、绑扎带等。使用斜口钳要量力而行,不可用来剪切钢丝、钢丝绳和过粗的铜导线和铁丝,否则容易导致钳子崩牙或损坏。

4. 剥线钳

剥线钳作为内线电工、电机修理、仪器仪表电工常用的工具之一。它适用于塑料、橡胶绝缘电线、电缆芯线的剥皮。使用方法:将待剥皮的线头置于钳头的刀口中,刀口的宽度可调节,用手将两钳柄一捏,然后一松,绝缘皮便与芯线脱开,使用时,应注意防止损伤线芯。剥线钳有多种类型,其作用大同小异,如图 5-8 所示。

图 5-7 斜口钳

图 5-8　剥线钳

5. 压线钳

在使用压线钳时要选择好钳口,不能太大或太小,应选择与线径和线鼻子相匹配的压线钳钳口,将线径装入线鼻子,压线时只要将两钳口的平面压靠即可。压接好后应检查线径与线鼻子是否松动。压线钳如图 5-9 所示。

图 5-9　压线钳

三、扳手类工具基本介绍

(一)常用扳手类工具

常用扳手类工具包括:活动扳手、呆扳手、套筒扳手、力矩扳手。

(二)使用方法及注意事项

1. 活动扳手

活动扳手如图 5-10 所示。

活动扳手是用来紧固和起松螺母的一种工具。用手搓动调节螺杆,使扳手的开口符合使用要求,即可使用。

2. 呆扳手

呆扳手如图 5-11 所示。

图 5-10　活动扳手

图 5-11　呆扳手

呆扳手是用来紧固和起松螺母的一种工具,它具有不可调节的特性,具有不同的规格型号。使用时,须选择相适应的规格型号。

3. 套筒扳手

套筒扳手如图 5-12 所示。

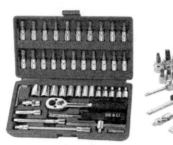

图 5-12　套筒扳手

套筒扳手用于螺母端或螺栓端完全低于被连接面,且凹孔的直径不能用于开口扳手或活动扳手及梅花扳手,就用套筒扳手;若螺栓件空间限制,只能用套筒扳手。套筒扳手一般都附有一套各种规格的套筒头以及摆手柄、接杆、万向接头、旋具接头、弯头手柄等,用来套入六角螺帽。使用时,根据螺母的规格型号,选择相应的套筒头组合使用。

4. 力矩扳手

力矩扳手如图 5-13 所示。

图 5-13　力矩扳手

使用力矩扳手前,要先查看产品合格证,确认其符合规定要求。使用时,应根据螺母所需要的拧紧力矩,将扳手上的游动标尺刻度值设定在对应的位置上,扭转丝杠使游动标尺上的螺母,使规格刻度对准扳手柄上刻线,然后将钳口平稳咬住被连接螺母,用力握住扳手手柄,顺时针匀加力,当听到"咔咔"声响时,即可停止加力。此时,螺母的拧紧力矩值已达到规定的要求。

四、安全带基本介绍

(一)安全带使用注意事项

(1)安全带使用周期一般为 3～5 年,发现异常时,应提前报废。

(2)安全带的腰带和保险带、绳应有足够的机械强度,材质应具有耐磨性,卡环/钩应具有保险装置。保险带、绳使用长度在 3m 以上的,应加缓冲器。

(3)使用安全带前应进行如下外观检查:

①组件完整、无短缺、无伤残破损。

②绳索、编带无脆裂、断股或扭结。

③金属配件无裂纹、焊接无缺陷、无严重锈蚀。

④挂钩的钩舌咬口平整、不错位,保险装置完整可靠。

⑤铆钉无明显偏位,表面平整。

(4)安全带应系在牢固的物体上,禁止系挂在移动或不牢固的物件上,不得系在棱角锋利处,安全带要高挂和平行拴挂,严禁低挂、高用。

(二)安全带的使用方法

穿戴安全带之前,首先检查安全带是否有破损,然后两人一组(互相帮助),要在安全的地点穿戴安全带,确保安全带没有缠绕,确保安全带各个部位的牢固性,相互检查扣环的安全性。穿戴安全带后,稍微蹲下,腿带位于腹股沟(胯部)以下 5cm,松紧程度以放下手掌为宜。自我检查是否能伸手触到后方的"D"环(图 5-14),后方"D 环"应放在脖子的底部肩胛骨之间,腰带松紧程度以两侧同时放下手掌为宜,剩余部分要收紧。

脱下安全带,重新连接扣环,完全打开调整带,检查完好性,放回到储存处,保持干燥及清洁。

安全带使用示意如图 5-14 所示。

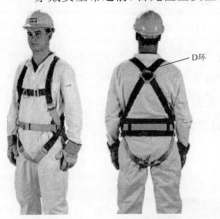

图 5-14 安全带使用示意图

五、长度量具基本介绍

(一)常用长度量具种类

常用长度量具包括:游标卡尺、塞尺。

(二)使用方法及注意事项

1. 游标卡尺

游标卡尺如图 5-15 所示。

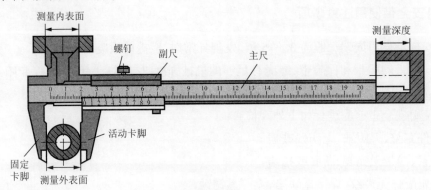

图 5-15 游标卡尺

（1）使用方法

测量读数时，先看游标尺的零线对应的主尺刻度，比如主尺的32，即被测物的尺寸的整数为32mm；再看游标尺上哪一条刻线与主尺上某一刻线对齐（只看对齐，不读主尺数据），读游标尺上的数据。也就是整数部分读主尺，小数部分读游标尺。比如游标尺刻线0格与主尺32mm处对齐，那读数就是32mm。测量时，应先拧松紧固螺钉，移动游标不能用力过猛。两量爪与待测物的接触不宜过紧。

（2）使用注意事项

不能使被夹紧的物体在量爪内挪动。读数时，视线应与尺面垂直。如需固定读数，可用紧固螺钉将游标固定在尺身上，防止滑动。实际测量时，对同一长度，应多测几次，取其平均值来消除误差。

2. 塞尺

塞尺如图 5-16 所示。

（1）使用方法

塞尺是用于检验间隙的测量器具之一。塞尺使用前，用干净的布将测量表面擦拭干净，不能在塞尺沾有油污或金属屑末的情况下进行测量，否则将影响测量结果的准确性。将塞尺插

图 5-16 塞尺

入被测间隙中，来回拉动塞尺，感到稍有阻力，说明该间隙值接近塞尺上所标出的数值；如果拉动时阻力过大或过小，则说明该间隙值小于或大于塞尺上所标出的数值。进行间隙的测量和调整时，先选择符合间隙规定的塞尺插入被测间隙中，然后一边调整，一边拉动塞尺，直到感觉稍有阻力时拧紧锁紧螺母，此时，塞尺所标出的数值即为被测间隙值。

（2）注意事项

不允许在测量过程中剧烈弯折塞尺，或用较大的力，硬将塞尺插入被检测间隙，否则将损坏塞尺的测量表面或零件表面的精度。使用完毕后，应将塞尺擦拭干净，并涂上薄薄一层工业凡士林，然后将塞尺折回夹框内，以防因锈蚀、弯曲、变形而损坏。存放时，不能将塞尺放在重物下，以免损坏塞尺。

六、电烙铁、吸锡器基本介绍

（一）电烙铁

1. 电烙铁使用方法

电烙铁如图 5-17 所示。

（1）选用合适的焊锡，应选用焊接电子元件用的低熔点焊锡丝。

（2）助焊剂，用 25% 的松香溶解在 75% 的酒精（重量比）中作为助焊剂。

（3）电烙铁使用前要上锡，具体方法是：将电烙铁烧热，待刚刚能熔化焊锡时，涂上助焊

图 5-17 电烙铁

剂,再将焊锡均匀地涂在烙铁头上,使烙铁头均匀吃上一层锡。

(4)焊接方法,把焊盘和元件的引脚用细砂纸打磨干净,涂上助焊剂。用烙铁头蘸取适量焊锡,接触焊点,待焊点上的焊锡全部熔化并浸没元件引线头后,电烙铁头沿着元器件的引脚轻轻往上一提,离开焊点。

(5)焊接时间不宜过长,否则容易烫坏元件,必要时可用镊子夹住管脚帮助散热。

(6)焊点应呈正弦波峰形状,表面应光亮圆滑,无锡刺,锡量适中。

(7)焊接完成后,要用酒精把线路板上残余的助焊剂清洗干净,以防炭化后的助焊剂影响电路正常工作。

(8)集成电路应最后焊接,电烙铁要可靠接地,或断电后利用余热焊接;或使用集成电路专用插座,焊好插座后,再把集成电路插上去。

(9)电烙铁应放在烙铁架上。

2. 电烙铁使用注意事项

(1)电烙铁使用前,应检查使用电压是否与电烙铁标称电压相符。

(2)电烙铁应具有接地线。

(3)电烙铁通电后不能任意敲击、拆卸及安装其电热部分零件。

(4)电烙铁应保持干燥,不宜在过分潮湿或淋雨环境使用。

(5)拆烙铁头时,要切断电源。

(6)切断电源后,最好利用余热在烙铁头上上一层锡,以保护烙铁头。

(7)当烙铁头上有黑色氧化层时候,可用砂布擦去,然后通电,并立即上锡。

(8)用海绵来收集锡渣和锡珠,用手捏刚好不出水为适。

(二)吸锡器

吸锡器如图 5-18 所示。

图 5-18 吸锡器

胶柄手动吸锡器内有一个弹簧,使用时,先把吸锅器末端的滑杆压入,直至听到"咔"声,表明吸锡器已被固定。再用烙铁对接点加热,使接点上的焊锡熔化,同时将吸锡器靠近接点,按下吸锡器上面的按钮即可将焊锡吸上。若一次未吸干净,可重复上述步骤。

七、电钻、冲击钻基本介绍

（一）电钻

1. 电钻的使用方法

电钻如图 5-19 所示。

图 5-19　电钻

（1）在金属材料上钻孔，应首先在被钻位置处冲打上样冲眼。

（2）在钻较大孔眼时，预先用小钻头钻穿，然后再使用大钻头钻孔。

（3）如需长时间在金属上进行钻孔时可采取一定的冷却措施，以保持钻头的锋利。

（4）钻孔时产生的钻屑严禁用手直接清理，应用专用工具清理。

2. 电钻的注意事项

（1）确认现场所接电源与电钻铭牌是否相符，是否接有漏电保护器。

（2）钻头与夹持器应适配，并妥善安装。

（3）确认电钻上开关接通锁扣状态，否则插头插入电源插座时电钻有可能突然转动，易造成人员伤害。

（4）面部朝上进行电钻作业时，要戴上防护面罩。在生铁铸件上钻孔要戴好防护眼镜，以保护眼睛。

（5）应妥善安装钻头夹持器。

（6）作业时钻头处在灼热状态，应注意防止灼伤肌肤。

（7）站在梯子上工作或高处作业，应做好高处防坠措施，梯子应由地面人员扶持。

（8）使用前检查电钻机身安装螺钉紧固情况，若发现螺钉松了，则应立即重新扭紧，否则会导致电钻故障。

（二）冲击钻

1. 冲击钻的使用方法

（1）操作前必须查看电源是否与电动工具上的常规额定 220V 电压相符，以免错接到 380V 的电源上。

（2）使用冲击钻前仔细检查机体绝缘防护、辅助手柄及深度尺调节等情况，以及机器有无螺丝松动现象。

（3）冲击钻必须按材料要求装入 $\phi 6 \sim 25mm$ 之间允许范围的合金钢冲击钻头，或打孔通用钻头。严禁使用超范围的钻头。

（4）冲击钻导线要保护好，严禁满地乱拖，防止导线轧坏、割破，更不准把电线拖到油水中，防止油水腐蚀电线。

（5）使用冲击钻的电源插座必须配备漏电开关装置，并检查电源线有无破损现象。使用中发现冲击钻漏电、震动异常、高热或有异声时，应立即停止工作，找电工及时检查、修理。

（6）冲击钻更换钻头时，应用专用扳手及钻头锁紧钥匙，杜绝使用非专用工具敲打冲击钻。

（7）使用冲击钻时，切记不可用力过猛或歪斜操作，事前务必装紧合适钻头，并调节好冲击钻深度尺，垂直、平衡操作时要徐徐均匀用力，不可强行使用超大钻头。

（8）熟练掌握和操作顺逆转向控制机构、松紧螺丝及打孔攻牙等。

2. 冲击钻的注意事项

（1）冲击外壳必须有接地线或接中性线保护。

（2）电钻导线要完好，严禁乱拖，防止轧坏、割破。严禁把电线拖置油水中，以防油水腐蚀电线。

（3）检查其绝缘是否完好，开关是否灵敏可靠。

（4）装夹钻头用力适当，使用前应空转几分钟，待转动正常后，方可使用。

（5）钻孔时应使钻头缓慢接触工件，避免因用力过猛，造成钻头折断、电机烧坏。

（6）注意工作时应采取正确的站立姿势。

（7）操作机器时要确保稳固，并随时保持平衡。

（8）在干燥处使用电钻时，严禁戴手套，防止钻头绞住发生意外。在潮湿的地点使用电钻时，必须站在橡皮垫或干燥的木板上，以防触电。

（9）使用中如发现电钻漏电、震动、高温过热时，应立即停机，待冷却后再使用。

（10）电钻未完全停止转动时，不能卸、换钻头，出现异常时，其他任何人不得自行拆卸、装配，应交专人及时修理。

（11）停电、休息或离开工作地点时，应立即切断电源。

（12）如用力压电钻时，必须使电钻垂直，而且固定端要牢固、可靠。

（13）中途更换钻头时，沿原孔洞进行钻孔时，不要突然用力，防止钻头折断，发生意外。

（14）使用冲击钻，如在潮湿地点工作时，必须站在绝缘垫或干燥的木板上进行。登高或在防爆等危险区域内使用时，必须做好安全防护措施。

第二节　常用仪器仪表

仪器仪表是指检测、分析、测试电子产品性能、质量、安全的装置。仪器仪表能改善、扩展或补充人的官能，帮助维修人员快速检测、判断出部件等性能。设备维护维修常用的仪器仪表有数字万用表、兆欧表等。

一、数字万用表

数字万用表用于诊断基本故障的便携式装置，主要功能是对电压、电流和电阻、二极管进行测量。

1. 电压的测量

万用表调到电压挡及适当量程,万用表并联在电路中("V-"表示直流电压挡,"V~"表示交流电压挡,有些表计的交直流电压挡为同一挡位),数值可以直接从显示屏上读取。数字万用表电压测量如图5-20所示。

2. 电流的测量

万用表调到电流挡及适当量程,万用表串联在电路中("A-"表示直流电流挡,"A~"表示交流电流挡,有些表计的交直流电压挡为同一挡位),数值可以直接从显示屏上读取。数字万用表电流测量如图5-21所示。

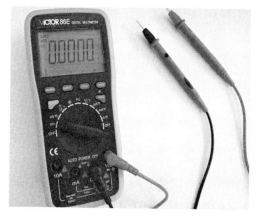

图 5-20 电压测量示意图

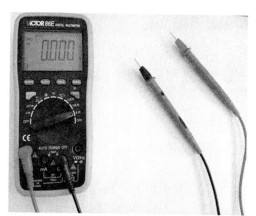

图 5-21 电流测量示意图

如果误用数字万用表的电流挡测量电压,很容易将万用表烧坏。因此,在先测电流,再测电压时要格外小心,注意改变转盘和表笔的位置。

3. 电阻的测量

万用表调到欧姆挡及选择适当量程,万用表与被测电阻并联,待接触良好时,读取数值。数字万用表电阻测量如图5-22所示。

4. 二极管的测量

将万用表调到二极管档,用红表笔接二极管的正极,黑表笔接负极,两表笔与被测二极管并联,这时会显示二极管的正向压降;利用二极管档测对地阻值,判断电路是否开路、短路。数字万用表二极管测量如图5-23所示。

5. 数字万用表使用注意事项

(1)如果无法预先估计被测电压值或电流值,则应先拨至最高量程挡测量一次,再视情况逐渐把量程减小到合适位置。测量完毕,应将量程开关拨到最高电压挡,或关闭电源。

(2)满量程时,仪表仅在最高位显示数字"1",其他位均消失,这时应选择更高的量程。

(3)测量电压时,应将数字万用表与被测电路并联。测电流时应与被测电路串联。

(4)当误用交流电压挡去测量直流电压,或误用直流电压挡去测量交流电时,显示屏将显示"000",或低位上的数字出现跳动。

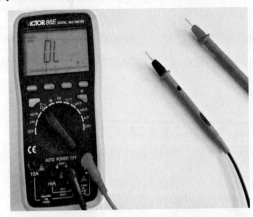
图 5-22　电阻测量示意图

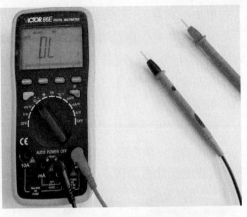
图 5-23　二极管测量示意图

（5）禁止在测量高电压（220V 以上）或大电流（0.5A 以上）时更换量程，以防产生电弧，烧毁开关。

二、兆欧表

兆欧表是专供用来检测电气设备、供电线路的绝缘电阻的一种便携式仪表。电气设备绝缘性能，关系到电气设备的正常运行和操作人员的人身安全。为了防止绝缘材料由于发热、受潮、污染、老化等原因所造成的损坏，为便于检查修复后的设备绝缘性能是达到规定的要求，都须经常测量其绝缘电阻。兆欧表如图 5-24 所示。

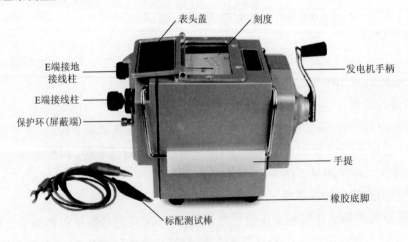
图 5-24　兆欧表

1. 兆欧表的接线

（1）兆欧表有三个接线端钮，分别标有 L（线路）、E（接地）和 G（屏蔽）。

（2）当测量电力设备对地的绝缘电阻时，应将 L 接到被测设备上，E 可靠接地即可。

2. 兆欧表的检测

兆欧表检测如图 5-25 所示。

（1）开路试验。在兆欧表未接通被测电阻之前，摇动手柄，使发电机达到 120r/min 的额定转速，观察指针是否指在标度尺"∞"的位置。

（2）短路试验。将端钮 L 和 E 短接，缓慢摇动手柄，观察指针是否指在标度尺的"0"位置。

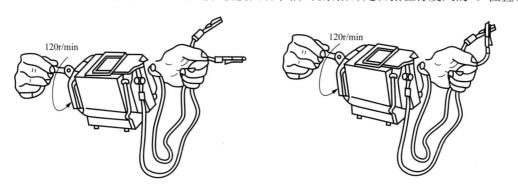

图 5-25　兆欧表检测示意图

3. 兆欧表使用注意事项

（1）观测被测设备和线路是否在停电的状态下进行测量，并且兆欧表与被测设备间的连接导线不能用双股绝缘线或绞线，应用单股线分开单独连接。

（2）将被测设备与兆欧表正确接线。摇动手柄时应由慢渐快，直至额定转速 120r/min。

（3）正确读取被测绝缘电阻值。同时，还应记录测量时的温度、湿度、被测设备的状况等，以便分析测量结果。

（4）兆欧表未停止转动之前，或被测设备未放电之前，严禁用手触及，防止人身触电。

第六章　实验平台搭建

> **岗位应知应会**
>
> 1. 了解实训项目的意义。
> 2. 掌握实训项目的方法。
> 3. 通过实训项目举一反三。
>
> **重难点**
>
> 重点：各个实训项目的操作。
> 难点：实训项目的方法及标准。

实验平台的搭建，是对动手能力、故障判断及处理能力的一个考验，实验平台的练习，也是对实操能力的一个提升。实验平台原理简单明了，可操作性强，通过实验平台将实际操作功能加以模拟实现，学生更容易理解和运用。本章主要介绍三相异步电机正反转回路原理及故障查找、220V 双回路供电电路、直流 1500V 电缆终端接头制作、电流继电器保护校验测试。这些只是城市轨道交通运营中可能应用的一部分，牢固掌握方法和原理，对实际运行操作有很大帮助。

第一节　三相异步电机正反转回路

一、三相异步电机正反转原理

（一）正向启动过程

如图 6-1 所示，按下启动按钮 SB1，接触器 KM1 线圈通电。与 SB1 并联的 KM1 的辅助常开触点闭合，以保证 KM1 线圈持续通电，串联在电动机回路中的 KM1 的主触点持续闭合，电动机连续正向运转。

（二）停止过程

按下停止按钮 SB3，接触器 KM1 线圈断电。与 SB1 并联的 KM1 的辅助触点断开，以保证 KM1 线圈持续失电,串联在电动机回路中的 KM1 的主触点持续断开,切断电动机定子电源,电动机停转。

(三)反向启动过程

按下启动按钮 SB2,接触器 KM2 线圈通电。与 SB2 并联的 KM2 的辅助常开触点闭合,以保证 KM2 线圈持续通电,串联在电动机回路中的 KM2 的主触点持续闭合,电动机连续反向运转。

二、二次原理图

详见图 6-1 三相异步电机正反转回路图。

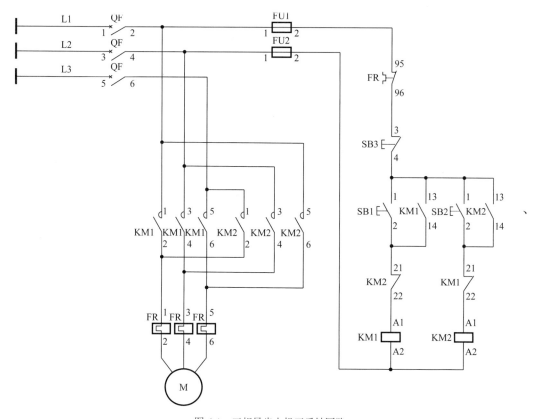

图 6-1 三相异步电机正反转回路

三、需要元器件

需要的元器件有:按钮 SB1、SB2、SB3,熔断器 FU1、FU2,热继电器 FR,交流接触器 KM1、KM2,断路器 QF,若干接线,螺丝刀,剥线钳等。

四、实现的功能

可实现三相异步电机的停止、正转、反转。

五、评分标准

三相异步电机正反转回路评分标准见表6-1。

三相异步电机正反转回路评分表　　　　　　表6-1

姓名			日期		
开始时间			结束时间		
项目	配分	评 分 标 准 及 要 求			扣 分
工器具清点	5分	工器具准备齐全,根据现场准备情况扣分			
工艺与布线	40分	接线工艺	导线不平直、长短选择不恰当、损伤导线绝缘层、未贴板走线或导线交叉,每处扣1分		
		电气接触	接触不良、接点松动,每处扣2分		
		电气元件安装位置	电气元件位置选择不恰当,安装顺序错误,每处扣5分		
		连接点处理	导线接头过长或过短,每处扣1分		
		接线错误(含未接线)	一处扣10分		
		损坏电器元件	每损坏一个电器元件,扣5分		
通电试车	30分	试运行一次不成功	扣10分		
		试运行二次不成功	再扣10分		
		试运行三次不成功	再扣10分		
		不试车,或试车不成功后不再试车	此项不得分		
操作	25分	操作熟练程度	动作协调(2分);正确选用各类工器具(3分);工器具使用不熟练、需提醒(5分)		
		安全文明生产	严禁带电操作(不包括),保证人身安全(5分);操作完,应将电气元件恢复原状,工具摆放有序(5分);使用仪器仪表时,应选用合适的量程,以防损坏仪器、仪表(5分)		
时间			考试时间45分钟。规定最多可超时5分钟		
总成绩					

第二节　三相异步电机正反转回路故障查找

通过对三相异步电动机正反转回路设置相应的故障,来考查图纸学习能力及故障查找处理能力。

一、二次原理图

详见图 6-1 三相异步电机正反转回路。

二、需要元器件

需要的元器件有：万用表、螺丝刀、接线若干、剥线钳等。

三、功能实现

判断三相异步电机控制回路故障，将故障排除，使设备恢复正常状态，最终实现三相异步电机的启动、停止、正转、反转。

四、评分标准

三相异步电机正反转回路故障查找评分标准见表 6-2。

三相异步电机正反转回路故障查找评分表　　　　表 6-2

姓名			日期	
开始时间			结束时间	
项目	配分	评 分 标 准 及 要 求		扣分
工器具清点	5 分	工器具准备齐全，根据现场准备情况扣分		
故障查找	70 分	电机无法启动	查出并解决故障（20 分），只查出故障不得分	
		电机无法正转	查出并解决故障（15 分），只查出故障不得分	
		电机无法反转	查出并解决故障（15 分），只查出故障不得分	
		电机转动无法保持	查出并解决故障（20 分），只查出故障不得分	
操作	25 分	操作熟练程度	动作协调（2 分），正确选用各类工器具（3 分），工器具使用不熟练，需提醒（5 分）	
		安全文明生产	严禁带电操作（不包括），保证人身安全（5 分）；操作完应将电气元件恢复原状，工具摆放有序（5 分）；使用仪器仪表时，应选用合适的量程，防止损坏仪器、仪表（5 分）	
时间			考试时间 45 分钟。规定最多可超时 5 分钟	
总成绩				

第三节 220V双回路供电电路(两路电源互为备用)

一、220V双回路供电电路原理

双回路供电是指用电负荷从两个变电所或从一个变电所不同间隔引出来的同等电压的两个回路。当一路电源有故障停电时,另一条电源可以马上切换投入使用。如图6-2所示,1号进线QF1合闸情况下,继电器K1得电,同时串联在2号进线电源控制回路中的K1互锁保证K2不得电,K1的(1-2)和(3-4)两个辅助触点合上接通HD回路。当1号进线电源失电情况下,K1继电器失电其(11-12)常闭辅助触点合上,在QF2合闸情况下K2得电,K2的(1-2)和(3-4)触点接通HD回路。

二、二次原理图

详见图6-2:220V双回路供电电路图。

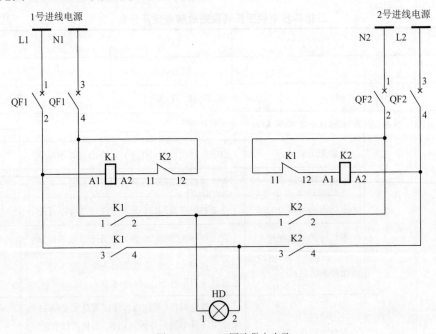

图6-2 220V双回路供电电路

三、需要元器件

需要的元器件有:继电器K1、K2,HD灯,空气开关QF1、QF2,若干接线,螺丝刀,剥线钳等。

四、实现的功能

1号进线电源失电后,负荷的电源切换至2号进线电源供电。

五、评分标准

220V双回路供电电路(两路电源互为备用)评分标准见表6-3。

表6-3　220V双回路供电电路(两路电源互为备用)评分表

姓名			日期	
开始时间			结束时间	
项目	配分	评 分 标 准 及 要 求		扣分
工器具清点	5分	工器具准备齐全,根据现场准备情况扣分		
工艺与布线	40分	接线工艺	导线不平直、长短选择不恰当、损伤导线绝缘层、未贴板走线或导线交叉,每处扣1分	
		电气接触	接触不良,接点松动,每处扣2分	
		电器元件安装位置	电器元件位置选择不恰当,安装顺序错误,每处扣5分	
		连接点处理	导线接头过长或过短,每处扣1分	
		接线错误(含未接线)	一处扣10分	
		损坏电器元件	每损坏一个电器元件,扣5分	
功能实现	30分	1号进线电源失电后,负荷的电源切换至2号进线电源供电不成功	扣15分	
		2号进线电源失电后,负荷的电源切换至1号进线电源供电	扣15分	
操作	25分	操作熟练程度	动作协调(2分),正确选用各类工器具(3分),工器具使用不熟练、需提醒(5分)	
		安全文明生产	严禁带电操作(不包括),保证人身安全(5分);操作完,应将电气元件恢复原状,工具摆放有序(5分);使用仪器仪表时,应选用合适的量程,防止损坏仪器、仪表(5分)	
时间			考试时间45分钟。规定最多可超时5分钟	
总成绩				

第四节　直流 1500V 电缆终端接头制作

直流 1500V 电缆终端接头的制作是检修工作中经常遇到的。直流 1500V 电缆主要有以下型号：WDZA-FS/FY-TZEYR-DC1500V 和 WDZA-FS/FY-TZYJY- DC1500V，额定电压直流 1500V 铜芯乙丙橡胶/交联聚乙烯绝缘钢带铠装无卤低烟阻燃 A 类聚烯烃护套直流电力电缆。

一、工艺要求

（1）根据铜线鼻的长度，正确量出外护套断口的位置；
（2）用酒精清洗铜线鼻的内外表面、线芯；
（3）根据电缆直径，正确选取压接模具；
（4）压接 3 次，相邻两次压接成直角；
（5）在铜线鼻与外护套的空隙处，用填充密封胶及绝缘胶带进行密封、填充、包扎工作；
（6）测量做好接头后的电缆绝缘。

二、需要材料及工具

需要的材料及工具有：直流 1500V 电缆、电工刀或专用的电缆切割刀、压接钳、卷尺、绝缘胶带、防水胶带、填充带、冷缩管。

三、评分标准

直流 1500V 电缆终端接头制作评分标准见表 6-4。

表 6-4　直流 1500V 电缆终端接头制作评分表

姓名			日期		
开始时间			结束时间		
项目	配分	评 分 标 准 及 要 求			扣分
工器具清点	5 分	工器具准备齐全，根据现场准备情况扣分			
电缆终端头制作	70 分	使用工具切割电缆	正确选择并使用工具切割电缆（7 分），切割面平整（8 分）		
		剥除电缆的各层结构	根据铜线鼻的长度，正确量出外护套断口的位置（5 分）；切口平整（5 分）；不能损害线芯（5 分）		
		牢固压接电缆线鼻并清洁处理	用酒精清洗铜线鼻的内外表面（3 分）；用酒精清洗线芯（3 分）；线芯无毛刺（3 分）；正确选取压接模具（4 分）；牢固压接铜线鼻（4 分）；根据模具尺寸，确定压接次数，2 次或 3 次（4 分）；相邻两次压接成直角（4 分）		

续上表

项目	配分	评 分 标 准 及 要 求		扣分
电缆终端头制作	70 分	对压接后的电缆线鼻进行防护处理	在铜线鼻与外护套的空隙处,用填充密封胶进行密封填充(4分);填充完后,在上缠绕一层3m绝缘胶带(4分);正确使用防水绝缘胶带进行包扎(4分);最后,用3m绝缘胶带进行包扎(3分)	
操作	25 分	操作熟练程度	动作协调(2分);正确选用各类工器具(3分);工器具使用不熟练、需提醒(5分)	
		安全文明生产	严禁带电操作(不包括),保证人身安全(5分);操作完,应将电气元件恢复原状,工具摆放有序(5分);使用仪器仪表时,应选用合适的量程,防止损坏仪器、仪表(5分)	
时间			考试时间20分钟。规定最多可超时5分钟	
总成绩				

第五节　电流继电器保护校验测试

电流继电器保护校验的目的是根据电流整定值,测量电流继电器动作的准确性,是继电器能否可靠动作的依据。

一、电流继电器保护校验原理

电流继电器保护校验原理如图 6-3 所示。

（1）将线圈串联,整定在某一数值上,调整电阻至最大位置。

（2）合上 QK,然后调节输出加入继电器电流,直至继电器动作,重复 3 次,并记录。

（3）增大电阻,减少输入电流,直至继电器返回,根据返回值与动作值,求出返回系数。

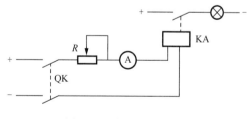

图 6-3　电流继电器校验原理

二、需要材料及工具

需要的材料及工具有:压线钳、接线端子、万用表、测试线、电流继电器、空气开关、可调电阻、电流表等。

三、工艺要求

测量电流继电器的电流动作值、返回值、触点动作情况是否正确,接线是否正确。

四、评分标准

电流继电器保护校验测试评分标准见表 6-5。

电流继电器保护校验测试评分表　　　　表 6-5

姓名			日期		
开始时间			结束时间		
项目	配分		评 分 标 准 及 要 求		扣分
工器具清点	5 分		工器具准备齐全,根据现场准备情况扣分		
电流继电器保护校验	70 分	布线	接线标准,正确无误(20 分);布线错误不得分,布线凌乱、不规范,酌情扣分		
		校验方法	方法正确,正确调整电流值(20 分),校验原理不清楚,不得分		
		校验结果	结果正确无误,符合继电器定值(20 分),校验定值不对,不得分		
操作	25 分	操作熟练程度	动作协调(2 分),正确选用各类工器具(3 分),工器具使用不熟练、需提醒(5 分)		
		安全文明生产	严禁带电操作,保证人身安全(5 分);操作完,应将电气元件恢复原状,工具摆放有序(5 分);使用仪器仪表时,应选用合适的量程,防止损坏仪器、仪表(5 分)		
时间			考试时间 45 分钟。规定最多可超时 5 分钟		
总成绩					

第七章　供电设备典型故障

岗位应知应会

1. 了解故障分析报告的编写思路。
2. 掌握故障波形的分析方法。
3. 掌握典型故障的原因分析。

重难点

重点：各个案例的原因分析。
难点：对故障波形的分析。

　　导致城市轨道交通供电系统设备故障的原因有很多，可能的原因有一次回路短路、二次回路故障、保护误动、检修不到位等。本章挑选了三个典型的故障案例，第一节介绍了因变压器励磁涌流现象而引起的 35kV 断路器跳闸故障；第二节介绍了由于电流采样回路二次线松动引起的 35kV 断路器跳闸故障；最后一节介绍了因整流变压器低压侧一次回路短路引起的断路器跳闸故障。通过以上典型案例的学习，使读者对故障处理的思路和方法有较为深入的理解。本章涉及的开关编号以基础知识篇所描述的开关编号原则为准。

第一节　某站 304A 断路器过流保护跳闸故障

一、故障现象

304A 断路器过流 2 段（过流）保护跳闸。

二、故障影响

由于是夜间检修完毕后，对 1 号动力变压器进行送电时发生跳闸，因此未对运营产生影响。

三、处理过程

在检修完毕后,对 1 号动力变压器送电时,304A 断路器过流 2 段保护动作跳闸,现场人员立即组织检查。通过查看保护装置事件记录,分析故障波形,认为是由于变压器励磁涌流(当合上断路器给变压器充电时,有时可以看到变压器电流表的指针摆得很大,然后很快返回到正常的空载电流值,这一冲击电流通常称之为励磁涌流)而引起的断路器跳闸。对 304A 开关柜进行试送电成功,确认设备运行正常。

四、原因分析

(一)304A 跳闸事件记录

专业人员到达现场后检查发现,304A 过流 2 段保护跳闸,304A 断路器处于分闸位。304A REF542(保护装置型号)事件记录如图 7-1 和图 7-2 所示。

动作时间:
191 2015-09-25 03:34:05.787
过流段2
总启动=320ms

动作电流:
191 2015-09-25 03:34:06.022
过流段2
跳闸=33A

图 7-1　304A 跳闸事件(记录 1)　　　图 7-2　304A 跳闸事件(记录 2)

从 304A 事件记录里,可以看出 304A 跳闸时,动作电流值为 33A,动作总时间为 320ms。REF542 保护装置过流 2 段保护整定值为: $0.44I_n=0.44×75=33A$;整定时间为 0.25s,即 250ms。

事件记录里记录到的动作电流值、动作时间均超过整定值,满足过流 2 段保护出口条件,过流 2 段保护动作正常。

(二)PSCADA 报文及故障录波

1.304A 过流 2 段保护跳闸

304A 过流 2 段保护跳闸时 PSCADA 报文,如图 7-3 所示。

跳闸时刻:
2015-09-25 03:34:07:: 004　　35kV-1号配电柜(304A)542　装置-过流跳闸　动作
2015-09-25 03:35:06　　　　 35kV-1号配电柜(304A)542　装置-过流跳闸　动作
2015-09-25 03:34:06: 691　　 35kV-1号配电柜(304A)542　装置-故障总信号　跳闸

图 7-3　304A 过流 2 段保护跳闸时 PSCADA 报文

2.304A 故障录波

304A 故障录波如图 7-4 所示。

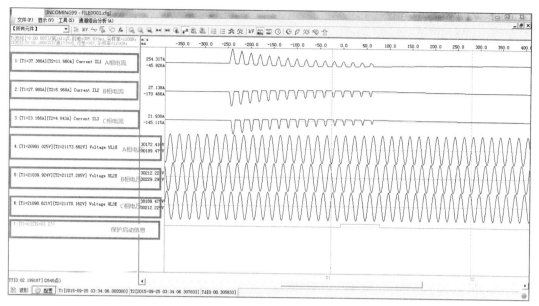

图 7-4 304A 故障录波(一)

从图 7-4 中可以看出,当三相电流变大时,三相电压一直保持正常,不符合短路故障波形特点,由此可见大电流不是变压器内部短路造成的。此外,电流的变化曲线为尖顶波,电流的数值高出额定值,电流呈现一定的衰减趋势。通过第三方软件对故障波形中的 A、B、C 相电流的有效值进行了计算合成,波形如图 7-5 所示,从图 7-5 中的三相电流有效值曲线,可以看出在故障跳闸前 320ms 左右,三相电流的 A 相电流有效值达到定值 33A 并持续 250ms 以上,保护定值及时间均达到动作值,由此可以得出结论:过流 2 段保护出口跳闸,保护装置动作逻辑正常。

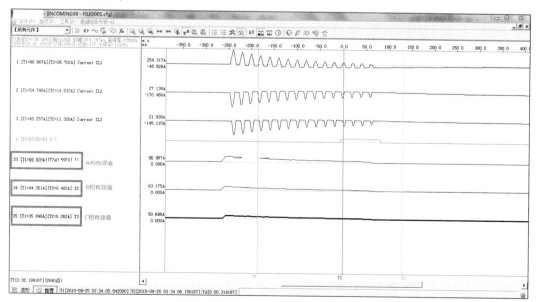

图 7-5 304A 故障录波(二)

/ 167

(三)304A 过流 2 段保护跳闸

304A 过流 2 段保护跳闸通过鱼骨图分析,如图 7-6 所示。

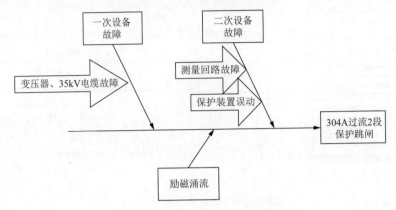

图 7-6　304A 过流 2 段保护跳闸鱼骨图分析

从鱼骨图分析可以看出,发生 304A 过流 2 段保护动作跳闸的故障原因主要分为三大类,即一次设备故障、二次设备故障、励磁涌流。

下面针对上述三方面原因进行分析:

1. 一次设备故障

当一次设备(包括 1 号动力变压器、对应 35kV 电缆)发生短路故障时,可能会造成 304A 过流 2 段保护跳闸。

但从 304A 事件记录和故障录波来看,三相电压是规则、稳定的正弦波,从而可以基本排除一次设备故障,因为一次设备故障时的基本特征为"短路电流很大、伴随着电压下降、同时将包含大量的多次谐波",电压波形将不再是规则的正弦波。停电后,检查 1 号动力变压器及 35kV 电缆均未发现异常,可以排除一次设备故障。

2. 二次设备故障

二次设备故障时可能造成断路器保护误动,二次设备故障主要包括:保护装置误动、二次测量回路故障。

(1)保护装置误动

从对故障波形的分析可知,保护装置动作正常,满足保护动作要求,可以排除保护装置误动的原因。

(2)二次测量回路故障

二次测量回路故障短路时,也会造成保护误动作。针对该种可能性,通过万用表测量二次测量回路接线良好、电阻正常,可以排除二次测量回路的原因。

3. 励磁涌流

由波形看出:当三相电流变大时,三相电压一直保持正常,不符合短路故障波形的特点,且电流的变化曲线为尖顶波,电流的数值高出额定值,电流最大值 A 相达到额定值的 11

倍，B 相达到额定值的 7 倍，C 相达到额定值的 6 倍，且电流呈现一定的衰减趋势，符合励磁涌流的特点。

综上分析，本次故障原因是变压器励磁涌流。

五、采取措施

（1）对全线因励磁涌流造成跳闸的变压器进行统计，做好故障跟踪。

（2）按照设计院给出的新整定值单，对全线变压器相关整定值进行调整，并跟进观察设备检修送电时的情况。

第二节 某站 304A 断路器零序保护跳闸故障

一、故障现象

304A 断路器保护零序跳闸，400V 母联 803 自投成功，400V I 段短时失压。

二、故障影响

1 号动力变压器退出运行，400V 一、二类负荷短时切换，三类负荷停电约 17min，未对运营造成影响。

三、处理过程

现场人员接到故障通知后，立即赶到现场核实各设备实际运行状态。现场人员组成抢修队布置安全措施，布置完毕后，开始组织抢修。首先，检查变压器本休和电缆均无异常；然后，下载 304A 故障录波并检查设备，通过分析 304A 故障波形，发现 C 相电流突然从 9.5A 降为零，持续约 127ms，达到保护定值，引起 304A 零序保护跳闸，初步怀疑是测量回路故障。因此，对 REF542 模拟量板外部接线插头、模拟量板插针、304A 柜后流互本体二次接线端子均进行检查，未发现异常。接着检查 304A 柜内电流互感器接线端子，发现 C 相流互接线端子连接滑块螺丝不紧、滑块不紧。重新对 304A 柜内二次测量回路进行紧固，保护装置模拟量连线恢复正常。随后，组织相应人员撤除防护措施，并申请远控，对变压器试送电，送电成功。

四、原因分析

(一) 304A REF 542 事件记录

专业人员到达现场后检查发现：304A 零序保护跳闸、801 失压分闸、803 母联自投成功。304A REF542 事件记录如图 7-7 所示。

从 304A 事件记录可以看出，304A 零序保护（无方向接地段 1）跳闸时动作电流值为 9A，动作时间为 127ms。REF542 保护装置零序保护整定值如图 7-8 所示。

动作时间：
264 2015-09-06 23:02:21.954
无方向接地段1
启动=127ms

动作电流：
265 2015-09-06 23:02:22.039
无方向接地段1
跳闸=9A

整定值：
启动 $0.09I_n$
定时限动作时间   0.1s

图 7-7   304A 跳闸事件记录   图 7-8   304A REF542 零序保护定值整定情况

从图 7-8 中可以看出，无方向接地段 1 保护电流定值为：
$0.09I_n=0.09\times75=6.75$（A）。整定时间为 0.1s，即 100ms。

事件记录里记录到的动作电流值、动作时间均超过整定值，满足零序保护出口条件，零序保护动作正常。

(二) PSCADA 报文及故障录波

1. 304A 零序保护跳闸

304A 零序保护跳闸时 PSCADA 报文如图 7-9 所示。

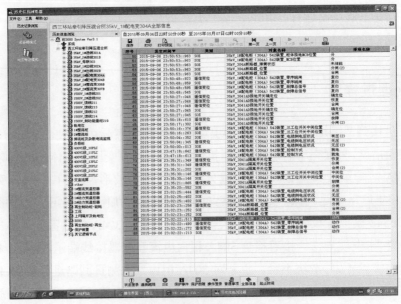

图 7-9   304A 零序保护跳闸时 PSCADA 报文

2. 304A 故障录波

304A 故障录波如图 7-10 所示。从图 7-10 中可以看出,在保护出口前 100ms 时,与 A、B 两相电流相比,C 相电流突然降为零,持续约 127ms。

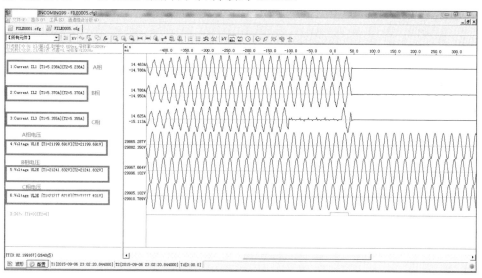

图 7-10　304A 故障录波

通过第三方软件,对故障波形中的 A、B、C 相电流的有效值、零序电流进行计算合成,波形如图 7-11 所示。从图 7-11 中看出,三相电流有效值曲线,在故障跳闸前 450ms 起,三相电流有一个同步上升的趋势,三相电流由之前的 5.5A 上升到 9.5A,电流增长时间为 109ms,随后三相电流基本维持在 9.5A。与运营期间三相电流为 2A 的情况相比,此现象与隧道风机启动的时间是吻合的,初步判断三相电流上升是由于执行晚送风、隧道风机启动造成的,并与电力调度员进行核实。

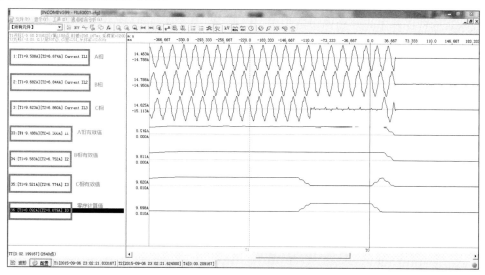

图 7-11　304A 故障录波三相电流有效值、零序电流波形

在保护跳闸出口前 100ms 左右，C 相电流突然从 9.5A 降为零（零序电流也为 9.5A），经过 100ms 的延时，达到保护动作条件，保护出口跳闸，保护装置动作逻辑正常。

（三）304A 零序保护跳闸

304A 零序保护跳闸通过鱼骨图分析如图 7-12 所示。

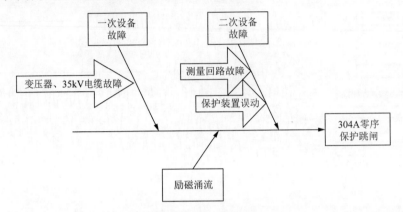

图 7-12 304A 零序保护跳闸鱼骨图分析

从图 7-12 鱼骨图分析可以看出，发生 304A 零序保护动作跳闸的故障原因分为三大类，即一次设备故障、二次设备故障、负荷不平衡。

下面就上述三方面原因进行分析：

1. 一次设备故障

当一次设备（包括 1 号动力变压器、对应 35kV 电缆）发生单相接地故障时，可能造成 304A 零序保护跳闸。从 304A 事件记录和故障录波来看，跳闸前后故障电流最高不超过 10A，三相电压是规则、稳定的正弦波，从而可以基本排除一次设备发生故障，因为一次设备发生故障时的特征基本为"短路电流很大，伴随着电压下降，同时将包含大量的多次谐波"，电压波形将不再是规则的正弦波。停电以后，检查 1 号动力变压器及 35kV 电缆均未发现异常，可以排除一次设备故障。

2. 二次设备故障

二次设备故障时可能会造成断路器保护误动，二次设备故障主要包括：保护装置误动、二次测量回路故障。

（1）保护装置误动

从上面故障波形分析可知，保护装置动作正常，满足保护动作要求，基本可以排除保护装置误动原因。

（2）二次测量回路故障

二次测量回路故障开路时，会造成保护装置记录不到电流，出现电流突然降为零的情况。

针对该种可能性，通过万用表测量二次测量回路电阻正常，先后排查了 REF542 模拟量板卡插头、流互本体二次接线端子，其均未发现异常。

当检查 304A 开关柜内流互接线端子 X4:5（图 7-13）时发现 C 相流互端子连接滑块螺丝不紧、滑块不紧。

对另外两相流互端子进行检查,也发现类似情况,不满足检修要求,立即对该柜内流互二次测量回路进行紧固。3 个螺丝都存在松动情况,前期施工过程测试时,未及时恢复造成的可能性比较大(后期运行维护基本不会拆卸滑块固定螺丝)。

图 7-13　304A 柜内流互接线端子

3. 负荷不平衡

隧道风机启动时由于风机电刷、一次接线等原因,可能会造成负荷的短时三相不平衡。针对该种可能性,机电专业人员重点核查某 400V I 段的隧道风机接线情况、风机特性,结合综合监控报警、事件记录综合分析,排查问题。通过对波形的分析,可以得出以下结论:某牵混所挂在 I 段负荷上的 2 台隧道风机在启动时至稳定运行这段时间(约有 30 秒)内,均不存在短时缺相现象,由此排除因隧道风机启动时短时间缺相,而引起的断路器越级跳闸。

综上分析,此次故障原因为 304A 柜内 C 相流互端子连接滑块螺丝不紧、滑块不紧。

五、采取措施

(1)对 304A 二次测量回路进行紧固,同时加强观察设备运行情况,发现问题,及时分析。
(2)联合机电专业人员,对其所管理的环控设备情况进行分析,排查下级用电设备。
(3)加强关键设备关键回路的检修质量把控培训。

第三节　某站 35kV 馈线 307A、直流 1500V 进线 202 断路器跳闸故障

一、故障现象

35kV 馈线 307A 断路器零序保护、速断保护跳闸,直流 1500V 进线 202 断路器跳闸。

二、故障影响

该故障直接造成 2 号整流机组退出运行。由于该牵引降压混合变电所 1 号整流机组正

常运行,同时所有直流馈线断路器均正常运行,因此该故障未对运营产生影响。

三、处理过程

专业人员接到故障通知后,立即赶到现场,核实各设备实际运行状态。当班人员组成抢修队并携带抢修计算机,到达现场组织抢修。经批准抢修后,布置安全措施,布置完毕后,分两组分别对一次、二次设备进行排查。

现场人员分两组分别对一次、二次设备进行排查。第一组对跳闸断路器307A进行故障录波。通过分析得知:C相在跳闸时刻有明显的大电流出现,并伴有电压拉低现象。紧接着检查307A开关柜内电流互感器的采样回路,经检查所有接线均良好正常。第二组主要排查2号整流变压器本体、35kV电缆。现场发现2号整流变压器高压侧C相电缆终端头有明显击穿孔。现场人员对2号整流变压器高压侧C相电缆终端头进行更换,并对新制作的电缆终端头进行耐压试验,试验数据合格。抢修完毕后对307A开关柜、直流202开关柜试送电成功。

四、原因分析

(一)307A保护装置REF542事件记录

专业人员到达现场后发现,307A速断保护、零序保护跳闸,307A断路器处于分闸位。307A保护装置REF542事件记录如图7-14所示。

无方向接地段1动作值: 353　2016-02-10　22:19:57.393 无方向接地段1 跳闸=687A	过流段3动作值: 354　2016-02-10　22:19:57.404 过流段3 跳闸=689A
无方向接地段1动作时间: 346　2016-02-10　22:19:57.308 无方向接地段1 启动=175ms	过流段3动作时间: 350　2016-02-10　22:19:57.319 过流段3 总启动=163ms

图7-14　307A跳闸事件记录

从事件记录可以看出,307A跳闸时零序保护(无方向接地段1)动作电流值为687A,动作总时间为175ms;速断保护(过流段3)保护动作电流值为689A,动作总时间为163ms。

REF542保护装置过流3段保护整定值为:$3.58I_n$=3.85×75=288.75(A)。整定时间为0.1s,即100ms。

REF542保护装置无方向接地段1整定值为:$0.22I_n$=0.22×75=16.5(A)。整定时间为

0.1s,即 100ms。

事件记录里记录到的动作电流值、动作时间均超过整定值,满足过流 3 段保护、无方向接地段 1 保护出口条件,保护均为正常动作。

(二)PSCADA 报文及故障录波

1. PSCADA 报文

307A 保护跳闸及 202 故障分闸时 PSCADA 报文如图 7-15 所示。

2016-02-10	22:19:58	35kV 2号整流变柜(307A)542装置零序跳闸	动作
2016-02-10	22:19:58	35kV 2号整流变柜(307A)542装置速断跳闸	动作
2016-02-10	22:19:57	1500V 202断路器ACCB故障总信号动作	动作
2016-02-10	22:19:57	1500V 202断路器ACCB联调输入	动作
2016-02-10	22:19:57	1500V 202断路器合闸闭锁	闭锁

图 7-15 307A 保护跳闸及 202 故障分闸 PSCADA 报文

2. 307A 故障录波

307A 故障录波如图 7-16 所示。

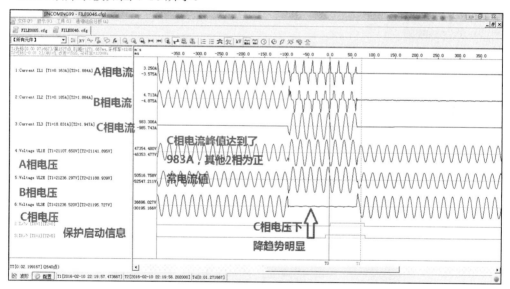

图 7-16 307A 故障录波

从图 7-16 中可以看出,在保护出口一段时间内,C 相电压有明显的大幅度下降趋势,且 C 相电流有大幅度上升趋势,符合短路故障波形的特点,由此可推断 C 相有短路点。根据保护启动信息的触发曲线可以得出结论:过流 3 段保护、无方向接地段 1 保护出口跳闸,保护装置动作逻辑正常。

3. 检查 202 开关柜本体

查看直流 1500V 进线 202 开关柜本体,显示被 307A 联跳,故障总信号灯亮,符合 307A 故障跳闸联跳 202 的逻辑关系。

（三）307A 过流 3 段保护、无方向接地段 1 保护跳闸

307A 过流 3 段保护、无方向接地段 1 保护跳闸通过鱼骨图分析，如图 7-17 所示。

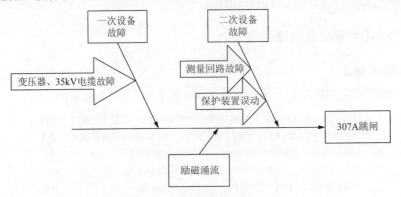

图 7-17　307A 保护跳闸鱼骨图分析

从鱼骨图分析（图 7-17）可以看出，发生 307A 过流 3 段保护、无方向接地段 1 保护跳闸的原因主要分为三大类，即一次设备故障、二次设备故障、励磁涌流。

下面针对上述三方面原因进行分析：

1. 一次设备故障

当一次设备（包括 2 号整流变压器、对应 35kV 电缆）发生短路故障时，可能会造成 307A 过流 3 段保护、无方向接地段 1 保护跳闸。

从 307A 事件记录和故障录波来看，C 相电压电流曲线完全符合一次短路"短路电流很大、伴随着电压下降"的基本特征，可以判断 C 相有短路点。现场查看 2 号整流变压器高压侧 C 相电缆终端头击穿，如图 7-18 所示。

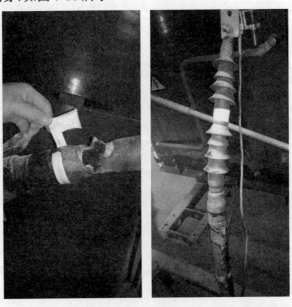

图 7-18　2 号整流变 C 相终端头与 B 相比较图

检查故障电缆终端,切割电缆终端,检查制作尺寸,符合电缆终端说明书制作要求,排除尺寸不合格造成电缆终端绝缘被击穿的可能性。检查电缆终端内部,切开电缆终端发现,电缆外半导电层和电应力控制管安装错位,导致电应力控制泥与电缆外半导电层未搭接(图7-19),造成电应力控制管无法发挥改善电场分布的作用,导致屏蔽层末端电场发生畸变,局部电场强度增大,出现局部放电现象,长时间运行导致绝缘受损或击穿。从C相电缆终端内部结构判断,故障主要原因是由冷缩电缆外护套时,电缆外半导电层和电应力控制管安装错位,制作工艺不达标造成。

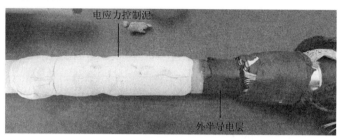

图 7-19　C 相电缆终端内部结构

2. 二次设备故障

二次设备故障时可能会造成开关柜保护误动,二次设备故障主要包括:保护装置误动、二次测量回路故障。故障波形分析:保护装置动作正常,满足保护动作要求,可以排除保护装置误动原因。二次测量回路故障短路时,也会造成保护误动作,针对该种可能性,通过万用表测量,二次测量回路接线良好、电阻正常,可以排除二次测量回路原因。

3. 励磁涌流

由于励磁涌流只是在对变压器进行送电时产生,而 307A 是在正常运行,即合闸位置时发生跳闸,从而排除励磁涌流原因。

综上分析,本次故障原因是 2 号整流变压器高压侧 C 相电缆终端头被击穿引起。

五、采取措施

(1)现场对 2 号整流变压器高压侧 C 相电缆终端头进行更换,试验合格,并对 A、B 两相电缆终端头、1 号整流变压器进行检查。

(2)对发生击穿故障的电缆头进行保存,并连同生产厂家技术人员共同解剖故障电缆终端头,查找击穿根本原因。

(3)因故障原因出现在电缆终端内部,外观检查无法发现内部隐患,通过预防性试验,进行检查。

(4)调整年度检修计划,利用某站 35kVGIS 开关柜预防性试验计划,对某站整流变压器及动力变电缆终端进行检查(耐压试验、局部放电试验)。通过试验结果,制定专项检查方案,逐站对电缆终端进行排查。

附录　城市轨道交通变电检修工考核大纲

分类	章	节	考核内容	掌握程度	考核形式
1 基础知识篇	一	一	供电系统简介	了解	笔试
		二	城市轨道交通供电系统主要技术标准	了解	笔试
		三	城市轨道交通供电系统功能及其实现	熟悉	笔试
		四	我国城市轨道交通供电技术的发展趋势	了解	笔试
		五	城市轨道交通供电系统的发展趋势	了解	笔试
	二	一	变电所典型主接线	掌握	笔试
		二	110kV GIS	掌握	笔试
		三	油浸式主变压器	掌握	笔试
		四	35kV GIS	掌握	笔试
		五	干式动力变压器	熟悉	笔试
		六	整流机组	熟悉	笔试
		七	直流 1500V 系统	熟悉	笔试
		八	交流 400V 系统	了解	笔试
		九	交直流屏系统	了解	笔试
		十	电力监控系统	了解	笔试
		十一	电缆结构参数及附件	了解	笔试
2 实务篇	三	一	供电设备巡检流程及方法	掌握	笔试
		二	110kV GIS 维护	熟悉	笔试
		三	油浸式主变压器维护		
		四	35kV GIS 维护	熟悉	笔试
		五	干式变压器维护	熟悉	笔试
		六	整流器维护	熟悉	笔试
		七	直流 1500V 系统维护	熟悉	笔试
		八	交流 400V 系统维护	熟悉	笔试
		九	交直流屏系统维护		
		十	电力监控系统维护	熟悉	笔试
	四	一	35kV GIS 常见故障及处理方法	熟悉	笔试
		二	整流机组常见故障及处理方法	熟悉	笔试
		三	直流 1500V 开关柜常见故障及处理方法	熟悉	笔试
		四	制动能耗装置常见故障及处理方法	熟悉	笔试
		五	400V 低压开关柜常见故障及处理方法	熟悉	笔试
	五	一	常用维修工具	掌握	实操
		二	常用仪器仪表	掌握	实操
	六	一	三相异步电机正反转回路	掌握	实操
		二	三相异步电机正反转回路故障查找	掌握	实操
		三	220V 双回路供电电路（两路电源互为备用）	掌握	实操
		四	直流 1500V 电缆终端接头制作	掌握	实操
		五	电流继电器保护校验测试	掌握	实操
	七	一	某站 304A 断路器过流保护跳闸故障	熟悉	笔试
		二	某站 304A 断路器零序保护跳闸故障	掌握	笔试
		三	某站 35kV 馈线 307A、直流 1500V 进线 202 断路器跳闸故障	掌握	笔试

参 考 文 献

［1］上海申通地铁集团有限公司轨道交通培训中心. 城市轨道交通变配电技术 [M]. 北京：中国铁道出版社，2012.

［2］宋奇吼，李学武. 城市轨道交通供电 [M]. 北京：中国铁道出版社，2012.

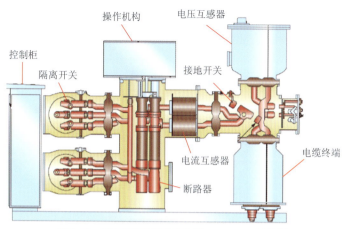

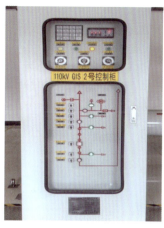

图 2-11　城市轨道交通主变电所 110kV GIS 结构图

图 2-12　主变电所现场控制柜 LCP

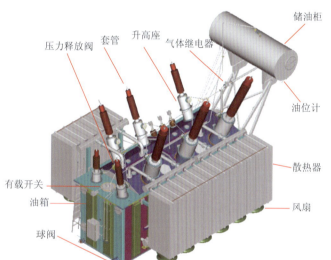

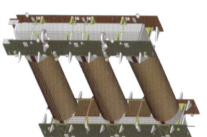

图 2-21　主变压器结构示意图

图 2-22　三相三柱式叠铁芯

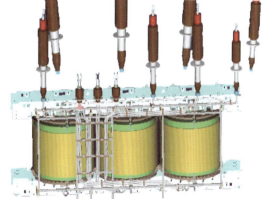

图 2-23　绕组

图 2-24　引线

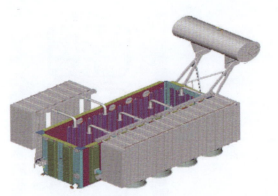

图 2-25　油箱

图 2-26　储油柜

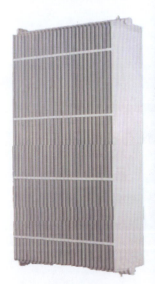 

图 2-27　片式散热器和冷却器

图 2-28　有载分接开关

图 2-29　气体继电器

图 2-30　油温度计

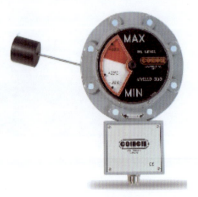

图 2-31　油位计

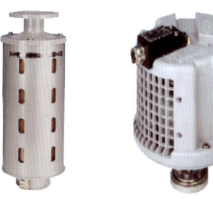
图 2-32 呼吸器

图 2-33 压力释放阀

图 2-34 变压器油样品

图 2-35 套管

图 2-38 35kV GIS 整体图

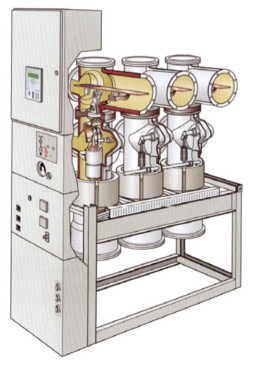
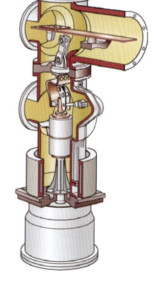
图 2-40 8DA10 断路器柜和开关柜极柱

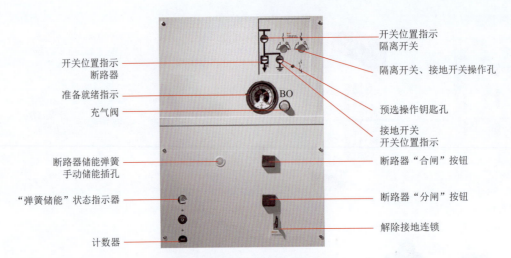

图 2-41　开关基本结构

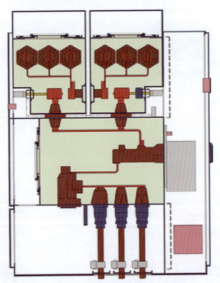

图 2-42　35kV GIS 基本结构
■ - 绝缘气体

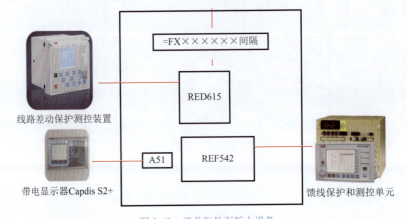

图 2-43　开关柜外面板上设备

图 2-44 低压控制室上部实际图　　图 2-45 低压控制室下部实际图

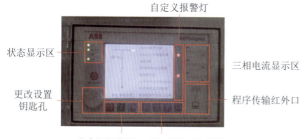 

图 2-46 REF542 面板各部分说明

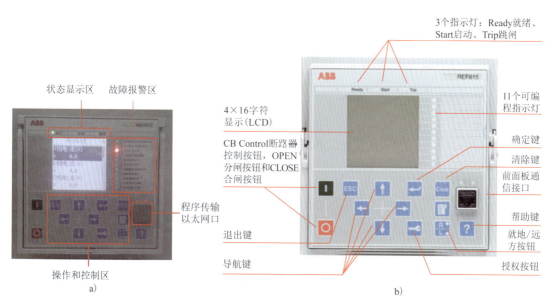

图 2-47 RED615 面板各部分说明

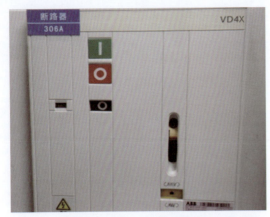
图 2-48　VD4X 真空断路器外部机构图

图 2-49　VD4X 断路器操作机构内部结构图

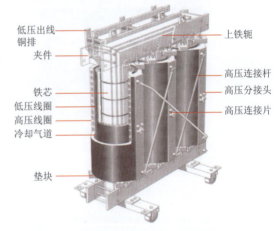
图 2-51　断路器真空灭弧室　　图 2-58　干式动力变压器外观　　图 2-59　干式动力变压器结构

图 2-67　整流器外观图

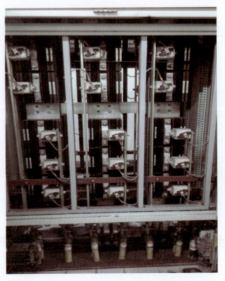
图 2-68　整流器柜内结构图

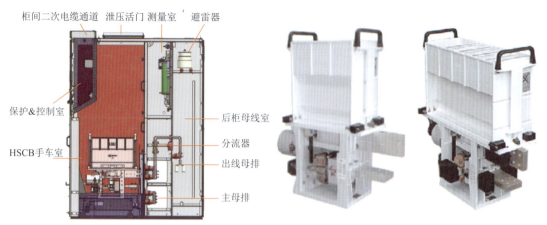

图 2-71　直流馈线柜　　　　　　　　　图 2-72　UR 断路器

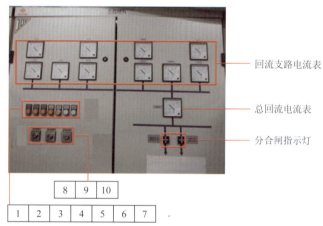

图 2-85　负极柜实物图　　　　　　　　图 2-86　负极柜正面布置图

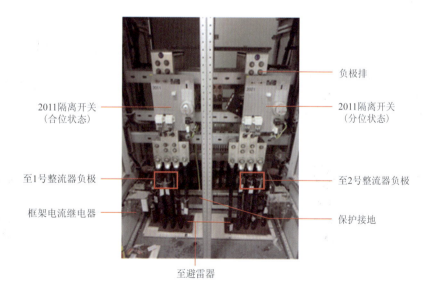

图 2-87　负极柜内部结构图

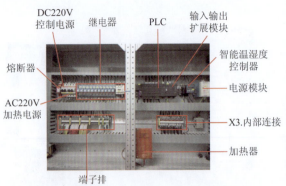

图 2-88　负极柜内部二次元件图

图 2-92　正极隔离开关柜和斩波柜

图 2-93　电阻柜

图 2-95　低压动力照明系统示意图

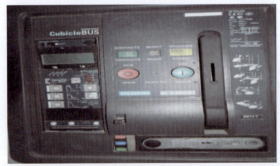

图 2-97　框架开关

图 2-98　抽屉塑壳开关

图 2-103　数字一体化交直流电源系统

图 2-107　整流模块

图 2-110　光纤收发器

图 2-111　工业交换机

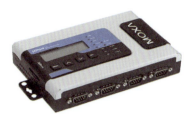
图 2-112　串口服务器

图 2-113　综控屏内的网络交换机

图 2-114　联跳柜内的以太网交换机

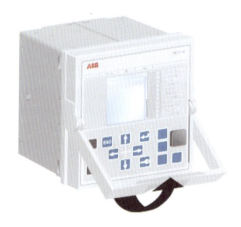
图 2-115　差动保护装置

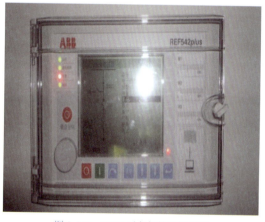
图 2-116　35kV 后备保护测控装置

图 2-117　SEPCOS-NG 控制与保护装置

图 2-119　联跳柜的测控 PLC

图 2-120 整流器柜内 PLC

图 2-121 轨电位限制装置 PLC

图 2-122 整流变压器和动力变压器温控仪

图 2-123 计算机直流器控装置正视图

图 2-124 计算机直流器控装置后视图

图 2-126 35kV 电缆结构组成

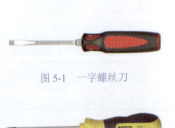
图 5-1 一字螺丝刀

图 5-2 十字螺丝刀

图 5-3 电动螺丝刀

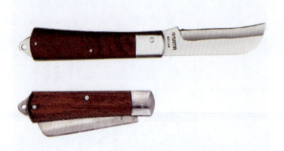
图 5-4 电工刀

图 5-5 钢丝钳

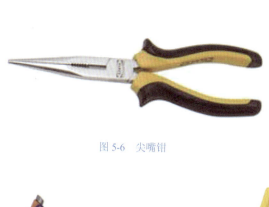
图 5-6 尖嘴钳

图 5-7 斜口钳

图 5-8 剥线钳

图 5-9 压线钳

图 5-10 活动扳手

图 5-11 呆扳手

图 5-13 力矩扳手

图 5-12 套筒扳手

图 5-14　安全带使用示意图

图 5-16　塞尺

图 5-17　电烙铁

图 5-18　吸锡器

图 5-19　电钻

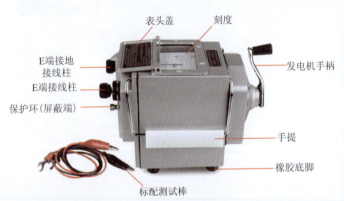
图 5-24　兆欧表

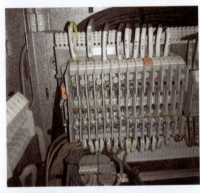
图 7-13　304A 柜内流互接线端子

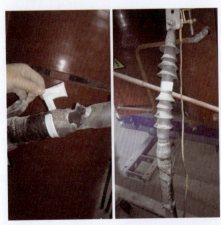
图 7-18　2 号整流变 C 相终端头与 B 相比较图

图 7-19　C 相电缆终端内部结构